SVENJA MORBACH

ALLES JERSEY

HOODIES & PULLIS

SCHNITTTEILE KOMBINIEREN

ÜBER 500 PULLOVER NÄHEN

EMF

EIN BUCH DER
EDITION MICHAEL FISCHER

INHALT

PROJEKTE

ZOEY, S. 49

FEE, S. 63

ABBY, S. 88

LEA, S. 97

MAREN, S. 119

MATHILDA, S. 123

VORWORT

Wie viele verschiedene Pulloverschnitte braucht man wohl, um den Kleiderschrank wintertauglich zu machen?

Ein schlichter Pullischnitt, einer für eine Kapuzenjacke, einer für ein Sweatkleid, einer mit Taschen, mit Stehkragen, mit Teilungsnähten, mit Flicken …

Ich sage: Du brauchst nur einen Schnitt, wenn er gut und variantenreich gestaltet ist und du mutig genug bist, um ihm deinen eigenen Stempel aufzudrücken.

So einen Baukasten-Schnitt findest du in diesem Buch und mit dazu eine Menge Ideen, wie du die einzelnen Elemente kombinieren kannst, um immer wieder einen neuen Look zu kreieren.

Der Schnitt enthält verschiedene Taschen, Kragen- und Ausschnittvarianten, zwei verschiedene Ärmel und einen Rockteil. Darüber hinaus erkläre ich dir, wie du selbst Teilungsnähte setzen, den Schnitt in Länge und Weite anpassen und verschiedene Verschlüsse nähen kannst.

Ich hoffe, dass du durch dieses Buch Spaß und Lust daran bekommst, mit Schnitten zu spielen, sie zu zerschneiden und neu zusammenzusetzen. Denn gerade das ist doch das Tolle am Nähen: Dass man seine eigenen Ideen umsetzen kann und damit einzigartige Stücke entwirfst.

Viel Spaß beim Nähen wünscht dir deine

Svenja

GRUNDLAGEN

MATERIALKUNDE

STRICKSTOFFE

Strickstoffe unterscheiden sich von gewebten Baumwollstoffen in der Herstellungsart, denn sie sind, wie der Name schon sagt, nicht gewebt, sondern gestrickt oder gewirkt. Durch die Maschen hat der Stoff mehr Fadenlänge und ist damit dehnbar.

Der häufigste Strickstoff ist der klassische Jerseystoff.

Das Schöne an Strickstoffen ist, dass sie sehr weich und angenehm zu tragen sind. Je nach Materialzusammensetzung und weiterer Verarbeitung können sie fließend weich und luftig sein oder dick und wärmend.

SWEAT – Sweat ist wie Jersey auch gestrickt oder gewirkt, allerdings ist die Stoffrückseite aufgeraut. Dadurch hält Sweat schön warm, ist angenehm zu tragen, aber er ist auch nicht mehr so elastisch.

SOMMERSWEAT – Im Vergleich zu gängigem Sweat ist die Rückseite von Sommersweat nicht aufgeraut, sondern verfügt über Maschenschlingen, die dafür sorgen, dass der Stoff zwar etwas dicker als Jersey ist, aber nicht so stark wärmt wie normaler Sweat, weshalb man ihn, wie der Name schon sagt, gut im Sommer tragen kann.

NICKI – Nicki ist der kuscheligste Stoff, denn er verfügt auf der Vorderseite über einen weichen Flaum. Die Stoffe sind so elastisch wie Jersey. Beim Zuschneiden muss man allerdings die Strichrichtung beachten und alle Teile in einer Richtung zuschneiden.

STEPPSWEAT – Steppsweat ist gerade besonders in. Er besteht meistens aus zwei Lagen Baumwolljersey mit einer dünnen Schicht Watte dazwischen. Die drei Stofflagen sind – meist in engen Rauten – aufeinander genäht. Dadurch hält Steppsweat sehr warm, er ist aber dafür kaum mehr dehnbar. Durch die beiden Jerseylagen hat Steppsweat oft verschieden gemusterte Stoffseiten, dann spricht man auch von einem Double-Face-Stoff, da er zwei „Vorderseiten" hat, die zum Beispiel miteinander kombiniert werden können.

JERSEY – Singlejersey gibt es in verschiedenen Materialzusammensetzungen. Ein reiner Baumwolljersey ist quer dehnbar, in die Länge aber nur eingeschränkt, außerdem hat er den Nachteil, dass der Stoff sich zwar dehnt, aber nicht so elastisch zurückzieht. Somit können zum Beispiel am Ellenbogen Beulen entstehen, die erst nach dem Waschen wieder verschwinden.

Erst wenn der Jersey zusätzlich einen Elasthananteil enthält, wird er auch längselastisch und er zieht sich nach einer Dehnung wieder wie ein Gummi in seine ursprüngliche Form zurück.

RIB-JERSEY/BÜNDCHENSTOFF – Rib-Jerseys gehören auch zu den Jersey-Stoffen, sie haben aber nicht wie Singlejersey unterschiedliche Stoffseiten, sondern sie sind in Rippen gestrickt, wodurch beide Stoffseiten gleich aussehen und sie besonders elastisch werden. Aus diesem Grund setzt man sie für Bündchen ein, man kann Rib-Jerseys aber auch als Hauptstoff verwenden. Man unterscheidet zwischen „glattem Bündchen" und „geripptem Bündchen". Bei glatten Bündchen sind die Rippen nur eine Masche breit gestrickt, weshalb man sie kaum sieht. Diese Bündchen sind etwas fester und leiern nicht so schnell aus. Bei Rib-Bündchen sind die Rippen zwei Maschen breit, wodurch man sie deutlich erkennt. Rib-Bündchen sind sehr dehnbar, verlieren aber auch schneller ihre Form und bieten weniger Halt.

JACQUARDSWEAT – Bei Jacquardsweat werden Fäden in verschiedenen Farben miteinander verstrickt, wodurch tolle Muster möglich sind. Dadurch, dass immer mehrere Fäden übereinander liegen, ist Jacquardsweat ein eher schwerer Stoff, der auch nicht so stark dehnbar ist. Dafür hält er schön warm und ist sehr weich. Er eignet sich perfekt für Strickjacken.

ALPENFLEECE – Alpenfleece ist eine spezielle Sweatart, man findet ihn im Handel auch unter den Bezeichnungen Alpensweat, Kuschelsweat oder Wellnessfleece.

Das Tolle am Alpenfleece ist, dass er ein sogenannter Double-Face-Stoff ist, das heißt Vorder- und Rückseite sehen unterschiedlich aus. Außen sieht er aus wie normaler Sweatshirtstoff, innen hat er ein kuschlig weiches Microfleece, das besonders warm hält. Dank dieser doppelseitigen Eigenschaft kann man Alpenfleece wunderbar ungefüttert verarbeiten.

SWEAT

JERSEY

SOMMERSWEAT

RIB-JERSEY/
BÜNDCHENSTOFF

NICKI

JACQUARDSWEAT

STEPPSWEAT

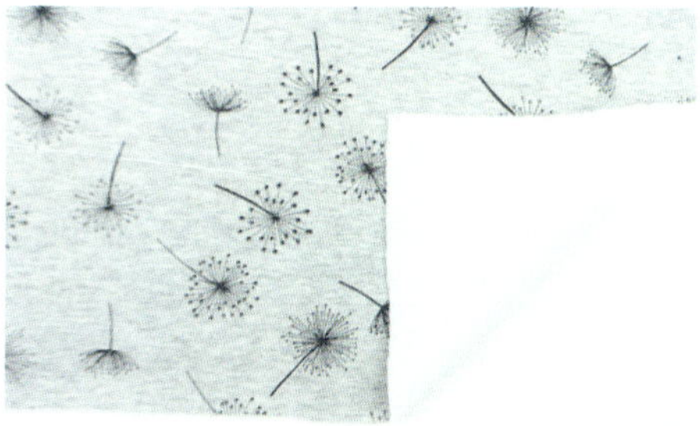

ALPENFLEECE

EINLAGEN UND KURZWAREN

EINLAGEN

Bügeleinlagen sind dünne Vliese oder Gewebe, die auf einer Seite Klebepunkte haben, die beim Bügeln schmelzen, wodurch sich die Einlage mit einem anderen Stoff verbinden lässt. Man nutzt sie, um Teile oder Kanten formstabil zu machen, damit sie sich nicht verziehen, oder zum Verstärken von Stoffen an Stellen mit erhöhter Belastung.

Bei Pullovern sind Einlagen nützlich, um Belege zu verstärken, Kanten im Ausschnitt oder an Knopfleisten und Reißverschlüssen zu stabilisieren oder um Ösen und Druckknöpfe vor dem Ausreißen zu schützen.

Die Firma Vlieseline bietet ein großes Angebot an Einlagen an.

H180 oder **H200** sollte man immer im Haus haben, denn man kann sie ziemlich universell einsetzen, auch wenn sie eigentlich für dünnere Stoffe konzipiert ist. Um kleinere Stellen zu verstärken eignet sie sich wunderbar.

H608 und **G785** sind spezielle elastische Einlagen, die man zum Beispiel für Belege nehmen kann.

Nahtband, Kantenband und **Formband** sind super Helfer, wenn es darum geht, Kanten zu verstärken, zum Beispiel um zu verhindern, dass der Ausschnitt bei Jacken ausleiert oder sich Reißverschlusskanten verziehen.

Vlisofix ist eine doppelseitig klebende Einlage, die man nutzt, um zum Beispiel Armflicken vor dem Annähen zu fixieren oder um Applikationen zu fertigen.

Wonder Dots gibt es bei Snaply zu kaufen, das sind Einlagenkreise, die es in zwei Größen gibt und die perfekt geeignet sind, um Stoff vor dem Ausreißen zu schützen, zum Beispiel wenn man Ösen oder Druckknöpfe anbringt.

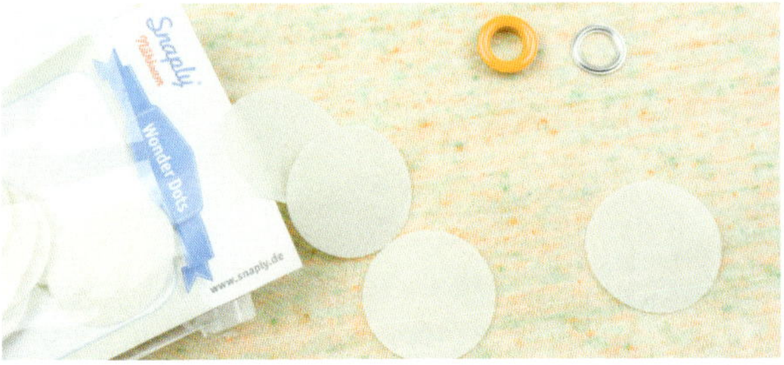

KURZWAREN

Kurzwaren sind eine wundervolle Möglichkeit, deinen Pulli schnell und einfach zu verschönern.

Mit Bändern wie Zackenlitze, Paspelband, Bommel- und Fransenborten, Spitze und Jerseyschrägband kannst du schöne Saumabschlüsse zaubern, du kannst sie aber auch in Teilungsnähte setzen oder einfach so als Dekoration aufnähen.

Großflächige **Applikationen zum Aufbügeln** sind gerade auch sehr modern und in einer großen Auswahl zu bekommen, ob als Wendepailletten oder in Stickoptik kann man mit ihnen einem schlichten Shirt den letzten Schliff verpassen.

An **Cuff-Bündchen** führt in der Nähwelt im Augenblick kein Weg vorbei. „Cuffs" sind fertige Bündchen, die es in vielen Mustern und Farben gibt. Man kann sie sowohl in Länge als auch in Höhe zuschneiden, zum Ring schließen und einfach wie ein Bündchen annähen. Das Schöne an Cuffs ist, dass sie einem Pulli einen coolen, sportlichen Look verleihen.

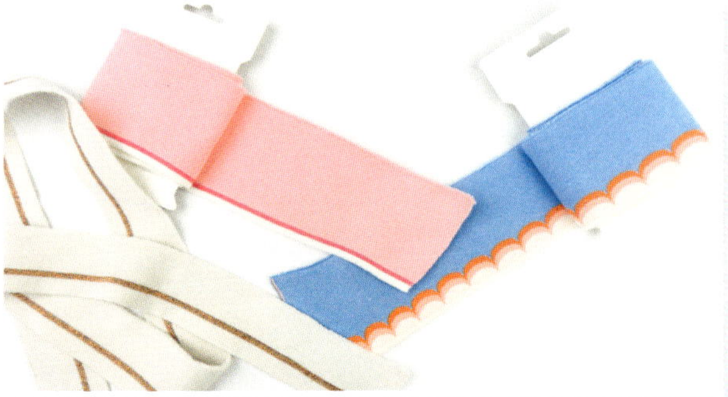

MATERIALIEN – GRUNDAUSSTATTUNG

NÄHMASCHINEN

HAUSHALTSNÄHMASCHINE
Unerlässlich für alle Näharten. Mit ihr werden Webstoffe vernäht, aber auch Jerseys abgesteppt. Eine gute Haushaltsnähmaschine sollte zusätzlich zum normalen Gerad- und Zickzackstich einen Dreifach-Geradstich, einen Dreifach-Zickzackstich sowie einen Knopflochstich haben.

OVERLOCK
Wer viel Jersey näht, sollte unbedingt über die Anschaffung einer Overlockmaschine nachdenken, denn mit ihr kann man gleichzeitig die Stofflagen zusammennähen, die Nahtzugabe abschneiden und versäubern. Auch bei Webware ist sie super hilfreich zum Versäubern, um ausfransende Kanten zu verhindern.

COVERLOCK
Wer wirklich sehr viel Jersey näht und sehr erfahren im Umgang mit der Overlock ist, kann über die Anschaffung einer Coverlockmaschine nachdenken. Mit ihr kann man professionelle Säume und Einfassungen herstellen, die super elastisch sind. Mit diesen Nähten sehen deine Kleidungsstücke aus wie gekauft.

ZUBEHÖR

BÜGELEISEN UND BÜGELBRETT

Unverzichtbar bei allen Näharbeiten ist das Bügeleisen. Viele scheuen die Arbeit, aber die Ergebnisse sind es wert. Wann du wie bügeln musst, ist in den Projektanleitungen beschrieben.

SCHNEIDERSCHERE

Eine gute Schneiderschere kann einem ein Leben lang eine treue Begleiterin sein. Achtet aber unbedingt darauf, mit der Schere nur Stoff zu schneiden und bei Tüll oder Paillettenstoffen auf eine normale Schere zu wechseln, sonst wird eure Schere ganz schnell stumpf.

ROLLSCHNEIDER, SCHNEIDEMATTE UND LINEAL

Ideal für kleinere Projekte und den Zuschnitt von Bündchen ist ein Rollschneider in Verbindung mit einer Schneidematte und einem Patchworklineal.

STECKNADELN UND STOFFKLAMMERN

Um Stofflagen zum Nähen aufeinander zu fixieren oder beim Zuschnitt benötigt man Stecknadeln, bei beschichteten Stoffen sollte man allerdings lieber Stoffklammern verwenden.

NÄHNADELN

Eine Grundausstattung an Nähnadeln für die Maschine sollte jeder zuhause haben, dazu gehören Universalnadeln in den Größen 70 bis 100 und Jerseynadeln in 70 bis 90. Nichts ist ärgerlicher, als wenn einem die Nadel beim Nähen bricht und man keine passende mehr zuhause hat. Außerdem gehört ein Set Handnähnadeln in jedes Nähkästchen, ob zum Knöpfe-Annähen oder Wendeöffnungen-Schließen.

MASSBAND UND HANDMASS

Das Maßband wird benötigt, um die eigene Kleidergröße zu ermitteln. Mit dem Handmaß kann man beim Zuschnitt leicht die Nahtzugabe abmessen.

GARN

Beim Garnkauf sollte man auf eine gute Qualität achten, denn gerade die bunten Farbmischungen, die es oft beim Discounter gibt, haben eine mangelhafte Qualität, die sich durch Fadenrisse und Knoten bemerkbar macht.

LOCHZANGE, ALLZWECKZANGE UND WERKZEUGE

Wer viel mit Ösen oder Druckknöpfen arbeitet, der kommt um diese Werkzeuge nicht herum. Die Multifunktionszange kann mit verschiedenen Aufsätzen ausgestattet werden, mit denen man viele verschiedene Arten von Ösen, Nieten und Druckknöpfen anbringen kann, weshalb sich eine Investition in dieses Multitool auf jeden Fall rentiert.

SCHNEIDERKREIDE ODER KREIDERAD

Da die Schnittmuster in diesem Buch keine Nahtzugabe beinhalten, muss sie beim Zuschnitt mit dazugegeben werden. Am einfachsten ist das, wenn man sie mit Kreide auf der linken Stoffseite anzeichnet. Es gibt viele verschiedene Möglichkeiten, von Stiften über Kreideräder bis zur klassischen Kreide. Ich persönlich verwende am liebsten die Kreideräder.

NAHTTRENNER

Wenn beim Nähen doch mal etwas schief geht, sollte man einen Nahttrenner griffbereit haben. Mit der dünnen Spitze lassen sich Nähte schnell und einfach auftrennen. Auch bei Knopflöchern sind die kleinen scharfen Messer äußerst hilfreich.

SCHNEIDERSCHERE

GARN

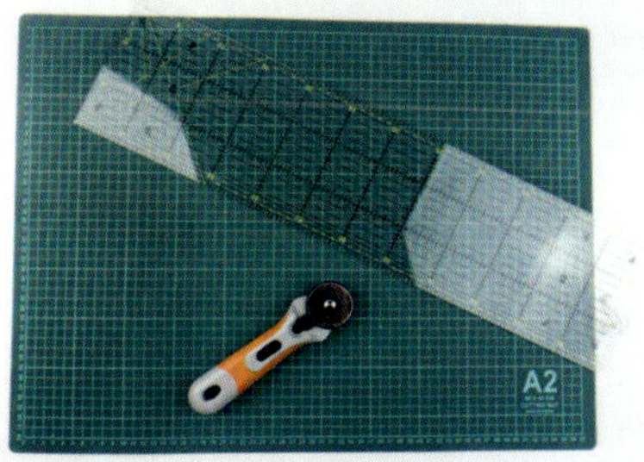

ROLLSCHNEIDER, SCHNEIDEMATTE UND LINEAL

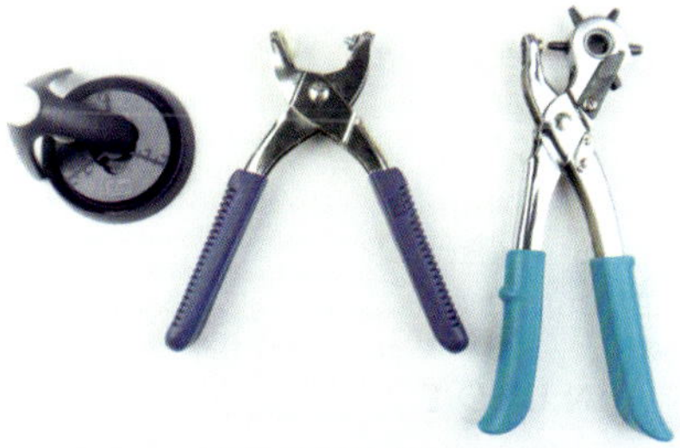

LOCHZANGE, ALLZWECKZANGE UND WERKZEUGE

STECKNADELN UND STOFFKLAMMERN

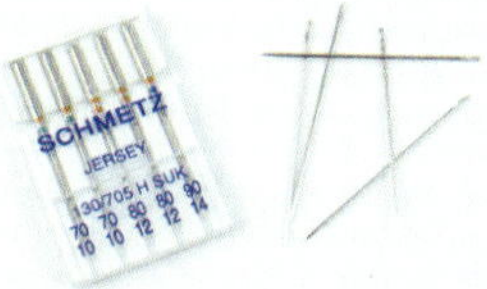

NÄHNADELN

SCHNEIDERKREIDE ODER KREIDERAD

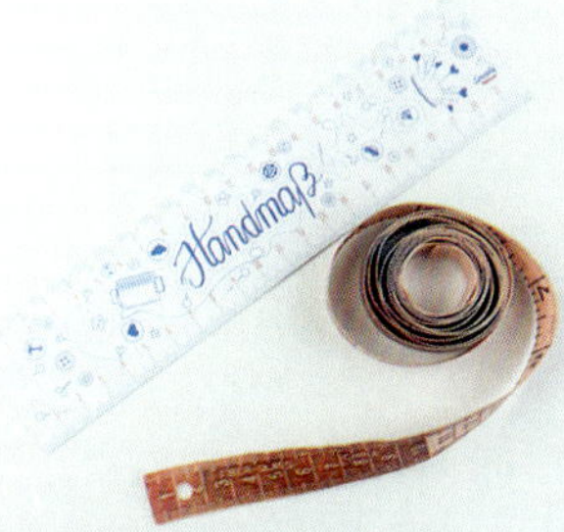

MASSBAND UND HANDMASS

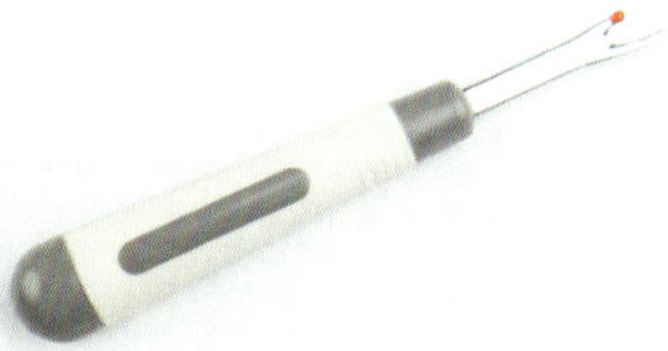

NAHTTRENNER

JERSEY NÄHEN MIT DER OVERLOCKMASCHINE

Eine Overlockmaschine erleichtert jedem die Arbeit, der häufig Jerseys verarbeitet. Overlocknähte sind elastisch und deshalb die erste Wahl bei dehnbaren Jerseys. In einem Arbeitsschritt wird die Naht geschlossen, die Nahtzugabe abgeschnitten und die Kante versäubert. Das spart im Gegensatz zur Haushaltsmaschine nicht nur Zeit, es sieht auch professioneller aus und ist haltbarer.

GREIFER, NADELN UND MESSER

Diese drei Elemente sind besonders wichtig für die Stichbildung bei der Overlock. Zuerst schneidet das Messer die Nahtzugabe ab und anschließend bilden die 4 Fäden, die von dem Obergreifer, dem Untergreifer und den beiden Nadeln geführt werden, den Stich rund um die Kante. Damit das reibungslos funktioniert, solltest du immer darauf achten, dass dein Messer scharf ist und du beim Nähen keine Stecknadeln im Stoff vergisst, da diese das Messer beschädigen können. Genauso wichtig sind aber auch intakte Nähnadeln, die du wie bei der normalen Nähmaschine auch nach deinem Stoff wählst. Für Jersey nimmst du Jerseynadeln mit einer Stärke von 70 bis 80, bei Sweat und anderen dicken Jerseystoffen eine Nadelstärke von 80 bis 90. Bitte schau aber nochmal in der Anleitung deiner Overlock, welchen Nadeltyp du verwenden solltest. Die meisten arbeiten mit Universalnadeln, die du auch für die Haushaltsmaschine nutzen kannst, aber vereinzelt verlangen spezielle Maschinen auch spezielle Nadeln, die dann in deiner Anleitung mit Nadelnummer angegeben sein sollten.

STICHLÄNGE

Die Stichlänge ist bei der Overlock, wie auch bei anderen Nähmaschinen, variabel. Bei dünneren Stoffen kannst du eine kürzere Stichlänge wählen, bei dicken Stoffen eine längere. Wenn du einen Stoff schon mit der Haushaltsmaschine zusammengenäht hast und nur noch die Kante versäubern sollst, reicht auch eine größere Stichlänge.

FADENSPANNUNG

Wenn ein Overlockstich nicht schön aussieht oder die Fäden beim Nähen reißen, liegt das Problem oft bei der Fadenspannung. Die Fadenspannung steuert man bei der Overlock über die Spannungsscheiben, durch die der Faden läuft, nachdem er von den Spulen abgewickelt wurde. Wenn du einen neuen Stoff verarbeitest, teste die Fadenspannung zuerst, indem du zu Beginn die Standardeinstellung wählst, die in der Bedienungsanleitung deiner Overlock angegeben ist. Damit kannst du testen, ob die Spannung reicht oder ob du sie etwas anpassen musst. Bei Jerseystoffen wähle ich gerne für den linken Nadelfaden eine etwas höhere Spannung, damit man, wenn die Naht gedehnt wird, nicht so sehr den Faden im Nahtschatten sieht.

TIPP
Noch ein Tipp von mir: Überprüfe nach dem Umfädeln der Maschine unbedingt, ob die Fäden wirklich noch zwischen den Spannungscheiben liegen und nicht einfach obendrauf, das ist ein häufiger Fehler. Dazu packst du den entsprechenden Faden über und unter die Spannungsscheiben und drückst ihn nochmal vorsichtig rein.

DIFFERENTIALTRANSPORT

Die meisten Overlockmaschinen verfügen mittlerweile über einen Differentialtransport. Das ist eine sehr nützliche Funktion, mit der man verhindern kann, dass sich Jerseystoffe beim Nähen wellen, bzw. umgekehrt zum Beispiel bei einem Rollsaum extra einstellen, dass sich die Naht wellt.

Das Geheimnis dahinter sind zwei Transportplatten, eine vor und eine hinter dem Nähfuß, die in unterschiedlicher Geschwindigkeit arbeiten können. In der Grundstellung (1), arbeiten beide Platten gleich schnell, wenn man den Diffentialtransport aber niedriger einstellt (0,7 bis 1), wird die hintere Transportplatte schneller als die vordere und „zieht" somit am Stoff. Das Ergebnis sind Wellen, wie sie zum Beispiel bei Rollsäumen oft gewünscht werden. Stellt man den Differentialtransport größer (1 bis 2), bewegt sich die hintere Transportplatte langsamer, der Stoff wird „gestaucht" und das Nahtbild bleibt schön glatt und ohne Wellen. Bei Jerseystoffen sollte man immer einen höheren Differentialtransport einstellen.

EINFÄDELN UND UMFÄDELN DER OVERLOCKMASCHINE

Was beim ersten Mal aussieht wie Raketenwissenschaft, wird dir schnell ganz einfach von der Hand gehen: Das Ein- und Umfädeln deiner Overlock. Jede Overlock wird ein wenig anders eingefädelt, weshalb du dabei immer deine Bedienungsanleitung oder ggf. das Schaubild in der Fadenabdeckung deiner Overlock zur Hilfe nehmen solltest. Ein paar Sachen haben aber alle Maschinen gemeinsam: Du solltest mit dem Einfädeln immer rechts beginnen, also mit dem Untergreiferfaden. Erst wenn dieser komplett eingefädelt ist, kommt der Obergreiferfaden und zum Schluss die beiden Nadelfäden. Achte beim Einfädeln darauf, dass die Fäden immer durch die Spannungsscheiben laufen und sich nirgendwo ein Faden verhakt. Wenn du alle Fäden unter dem Fuß durchgeführt hast, kannst du den Fuß senken und ein paar cm Naht nähen, um zu sehen, ob alles richtig eingefädelt ist. Zum Üben ist es vielleicht auch hilfreich, unterschiedliche Garnfarben einzusetzen. So hast du zunächst eine bessere Übersicht!

Wenn du nur die Farbe wechseln willst, kannst du die Greiferfäden auch einfach über den Garnrollen abschneiden und die neue Farbe anknoten. So können die Fäden ganz einfach eingezogen werden. Bei den Nadelfäden klappt das meistens nicht so gut, denn die Knoten gehen ja nicht durchs Nadelöhr, deshalb würde ich diese immer wieder komplett einfädeln.

Falls dir mal ein Faden reißt, musst du leider wieder von rechts nach links alle Fäden neu einfädeln. Auch wenn das Stichbild trotz Änderung der Fadenspannung einfach nicht schön aussehen will, empfiehlt es sich, nochmal alle Fäden komplett rauszunehmen und neu einzufädeln. Das ist zwar lästig, aber dafür hat man ein schönes Ergebnis.

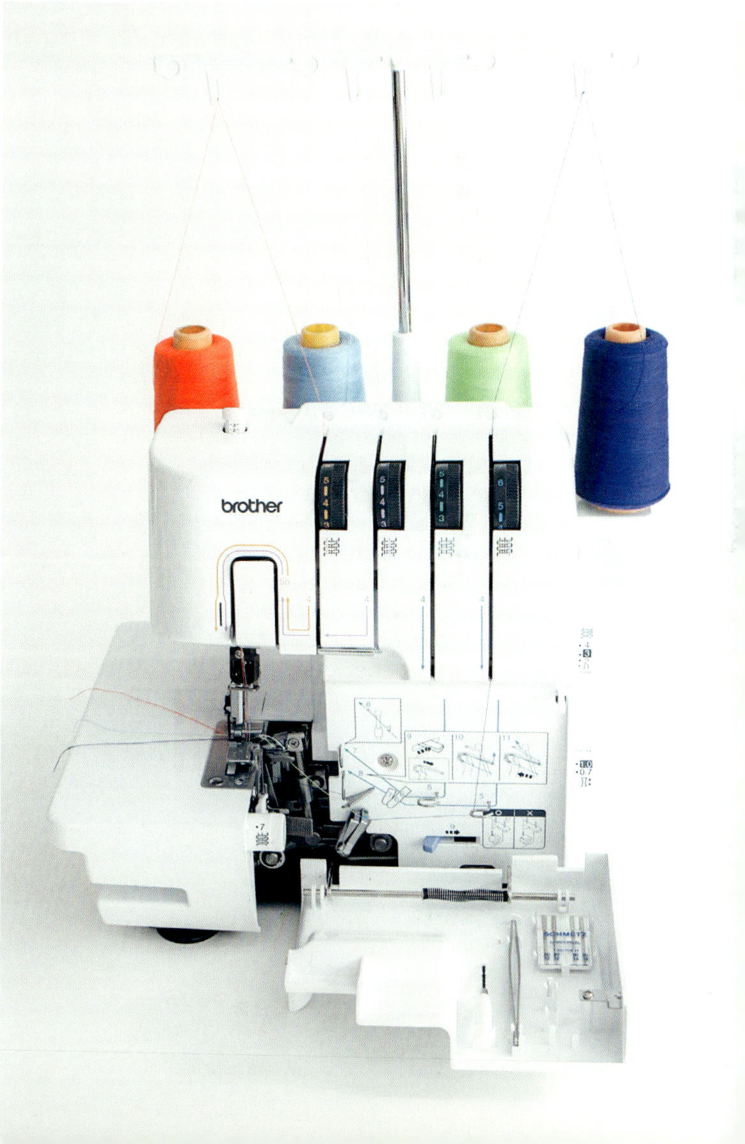

DIE HÄUFIGSTEN OVERLOCK-STICHE

Wenn man Jersey näht, ist die erste Wahl der **4-Faden-Overlockstich**. Dadurch, dass beide Nadeln und beide Greifer genutzt werden, entsteht eine sehr strapazierfähige Naht.

Man kann auch nur eine der beiden Nadeln verwenden, dann hat man den **3-Faden-Overlockstich**. Je nachdem, ob man sich für die linke oder die rechte Nadel entscheidet, wird die Naht schmaler oder breiter. Dieser Stich ist gut geeignet zum Versäubern von Webware, für Jersey eher nicht, da die Naht schneller reißen kann.

Manchmal ist der **3-Faden-Rollsaumstich** die richtige Wahl, vor allem wenn man Kanten knapp umnähen will und diese Naht später sichtbar ist, wie bei Rüschen und Volants. Mehr dazu erfährst du auf Seite 36.

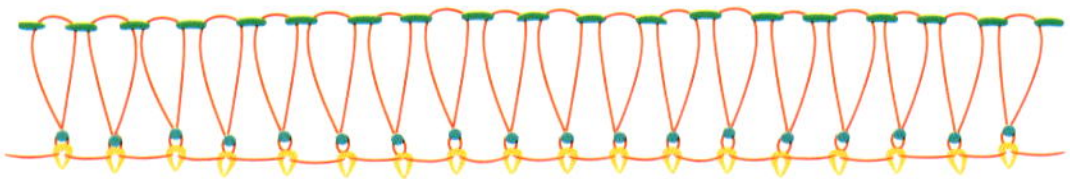

4-Faden-Overlockstich

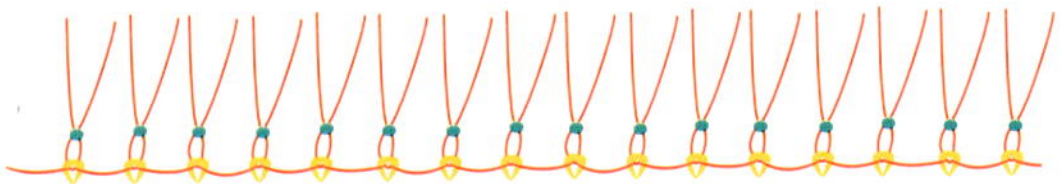

3-Faden-Overlockstich

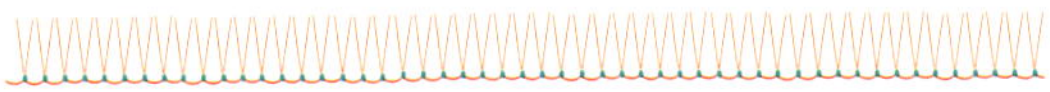

3-Faden-Rollsaum

SICHERN DER FADENKETTE AM ANFANG EINER NAHT

1

2

3
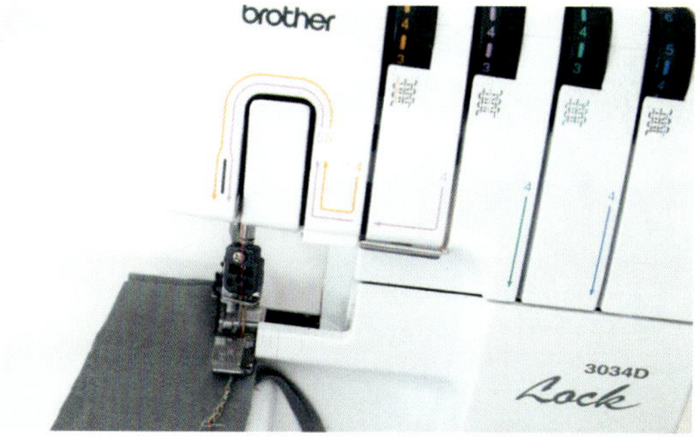

4

1. Nähe zuerst eine ca. 5 cm lange Fadenkette, bevor du beginnst, den Stoff zu vernähen.
2. Wenn du den Stoff eingelegt hast, dann nähe ihn zuerst 1 bis 2 cm zusammen, lasse die Nadeln in Tiefstellung und hebe den Maschinenfuß an. Nun kannst du die überstehende Fadenkette zu dir nach vorne, unter den Fuß, legen.
3. Wenn du den Fuß nun wieder senkst und weiter nähst, fasst du in einem die Fadenkette mit.
4. Nach ein paar cm kannst du die Fadenkette nach rechts zum Messer ziehen und mit abschneiden. Der Anfang deiner Naht ist nun gesichert.

AM ENDE EINER NAHT

1

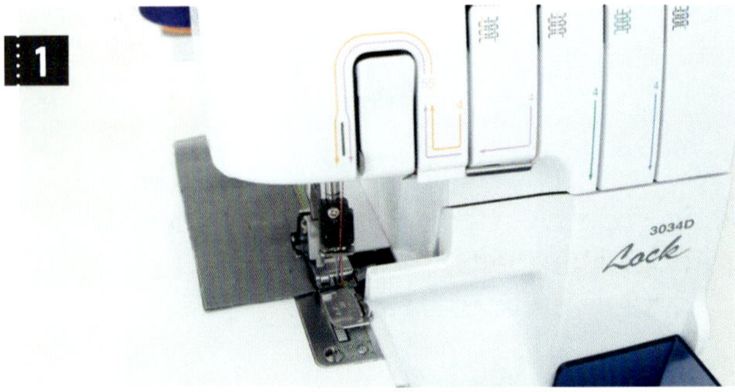

2

3

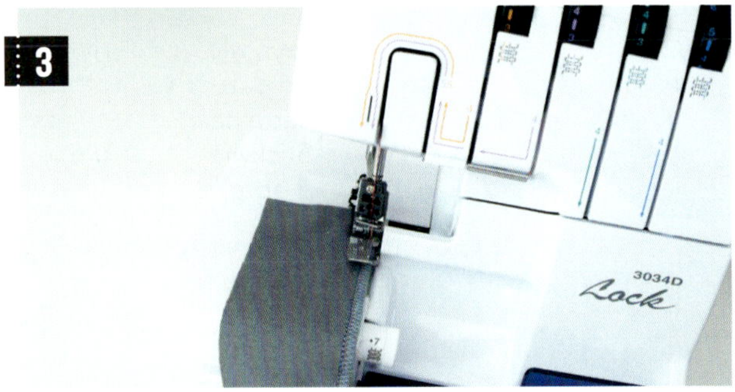

1. Wenn du ans Ende der Naht gekommen bist, nähe noch ein paar Stiche über die Naht hinaus.
2. Wenn du nun den Maschinenfuß anhebst und die Nadeln in Hochstellung bringst, kannst du den Stoff wenden und wieder nach vorne zu dir ziehen.
3. Platziere die eben genähte Naht nochmal unter dem Nähfuß, senke ihn und nähe auf der alten Naht nochmal ein paar cm zurück. Achte aber darauf, dass du mit dem Messer nicht die alte Naht aufschneidest. Dann kannst du die Naht auslaufen lassen, die Fadenenden verknoten und abschneiden.

ALTERNATIV KANNST DU DIE NAHT AUCH SO SICHERN

1

Für diese schnelle Methode benötigst du nur eine Stopfnadel mit relativ großem Öhr. Die überstehenden Fadenenden werden einfach nah am Stoff verknotet und das Fadenende wird anschließend mithilfe der Nadel durch die Overlocknaht gezogen, wo sie gesichert ist und sich nicht öffnen kann.

Wenn man zum Beispiel Bündchen annäht oder einen Saum näht, wo man nur ein überstehendes Fadenende hat, reicht es meistens, das Fadenende zu verknoten und die Fäden abzuschneiden.

Du musst aber auch nicht jede Naht sichern. Wenn deine Naht in einem weiteren Nähschritt nochmal von einer anderen Naht überkreuzt wird (zum Beispiel die Seitennaht eines Pullis, die von den Bündchen gekreuzt wird), hält diese neue Naht die alte zusammen.

JERSEY NÄHEN MIT DER HAUSHALTSMASCHINE

Wenn du keine Overlock besitzt, ist das kein Problem, denn Jerseys – und vor allem Sweatstoffe – lassen sich auch mit der Haushaltsmaschine nähen. Beachte aber bitte die folgenden Punkte:

NADELN

Egal, welche Maschine du nutzt, wähle unbedingt eine Jerseynadel in passender Stärke (70 bis 90). Jerseynadeln haben im Gegensatz zu normalen Nähnadeln eine runde Spitze, sie zerstechen nicht den Jersey (was zu Löchern und Fehlstichen führen würde), sondern verdrängen die Maschen.

Bei dünneren Baumwoll- und Viskosejerseys solltest du die Nadelstärke 70 bis 80 wählen, bei dickeren Sweatstoffen 80 bis 90.

NICHT ZIEHEN!

Weil eine Haushaltsmaschine gerade bei komplizierteren Overlockstichen oft recht langsam näht, ist man dazu geneigt, der Maschine „zu helfen“, indem man hinten am Stoff zieht. Dadurch entstehen aber unschöne Wellen im Stoff, die man nicht möchte. Durch anschließendes Bügeln mit viel Dampf lassen sich die Wellen zwar etwas kleiner bügeln, aber man bekommt sie nur schwer komplett raus.

Lass stattdessen die Maschine den Stoff führen, auch wenn es manchmal etwas Geduld erfordert.

HILFE, DIE MASCHINE FRISST MEINEN STOFF!

Vor allem wenn man dünne Jerseys wie Viskosejersey vernäht, neigt die Maschine gerne dazu, den Stoff „zu fressen“, sprich durch die Stichplatte nach unten zu ziehen. Hier kann es helfen, etwas Stickvlies unterzulegen, das man später auswaschen oder abreißen kann.

GEEIGNETE STICHARTEN

Den **Zickzackstich** kann man verwenden, um die Teile zusammenzunähen und um sie zu versäubern. Wenn man sie zusammennäht, sollte die Stichbrite nicht zu breit, aber auch nicht zu schmal sein (0,5–1,5). Je schmaler der Stich ist, umso weniger elastisch ist die Naht. Zum Versäubern kann man einen langen und möglichst breiten Zickzackstich nehmen, damit man möglichst viel Nahtzugabe mit fasst. Jerseystoffe und Sweat müssen allerdings nicht unbedingt versäubert werden, da sie nicht ausfransen, es dient eher optischen Gründen.

Der **Stretch-Stich/Elastikstich** ist ähnlich wie der Zickzackstich, allerdings sind die Zacken schräg versetzt, dadurch ist der Stich sehr elastisch.

Der **3-fach-Geradstich** ist eine gute Wahl zum Zusammennähen der einzelnen Teile. Die Maschine macht dabei immer einen längeren Stich vor und wieder einen kürzeren zurück. Dadurch bleibt der Stich dehnbar, er ist aber sehr reißfest. Das einzige Problem ist, dass das Auftrennen sehr schwer ist.

Mit dem **3-geteilten-Zickzackstich** lassen sich super Säume absteppen, denn die Naht bleibt sehr elastisch. Wenn du den Stich schmaler einstellst, kannst du damit auch die Teile zusammennähen.

Eine andere Variante zum Säumen ist die **Zwillingsnadel-Naht**. Mit einer speziellen Zwillingsnadel, die es in verschiedenen Stärken und Breiten zu kaufen gibt, lässt sich eine Naht nähen, die von rechts aussieht wie zwei parallel verlaufende Geradstiche. Von links verläuft der Spulenfaden im Zickzack zwischen den Nähten, wodurch die Naht elastisch wird. Da du für die Zwillingsnadel zwei Garnrollen brauchst, überprüfe, ob deine Maschine einen zweiten Garnrollenhalter hat. Falls nicht, kannst du dir damit helfen, die Garnrolle in ein Glas oder eine Tasse hinter der Maschine zu legen.

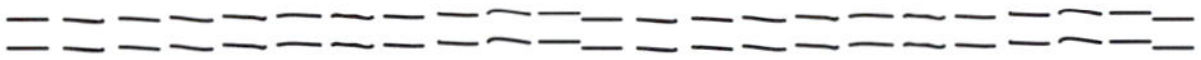

Mit dem **Geradstich** wird bei Jerseys nicht so viel genäht, denn die Naht ist kaum elastisch und reißt schnell. Man verwendet ihn aber, um zum Beispiel Taschen oder Armflicken aufzunähen oder um Belege oder Bündchen abzusteppen.

Neue Nähmaschinen haben auch oft verschiedene **Overlockstiche**, die den Stich einer Overlock imitieren sollen. Bei diesen Stichen ist es aber wichtig, dass die Nahtzugabe ordentlich geschnitten wurde und die Nähte exakt aufeinander liegen, denn abschneiden kann eine Haushaltsmaschine ja leider noch nicht.

Darüber hinaus haben viele Maschinen noch weitere dekorative **elastische Zierstiche**, zum Beispiel den Hexenstich oder den Wabenstich, die sich super zum Säumen eignen. Wenn man kontrastfarbiges Garn wählt, erhält man dadurch zusätzlich einen schönen dekorativen Effekt.

WELCHE GRÖßE BRAUCHE ICH?

Zur Wahl der richtigen Kleidergröße vermisst du dich bitte an Brust und Hüfte. Dabei solltest du nur Unterwäsche tragen oder ein enges Shirt.

Die Größe wählst du vorrangig nach deinem Brustumfang, bei einem kleineren Hüftumfang kannst du den Schnitt entsprechend schmaler und bei einem größeren Hüftumfang etwas weiter machen.

Die Längen sind auf Frauen mit einer Körpergröße von ca. 168 cm ausgelegt. Wenn du viel größer oder kleiner bist, kannst du die Ärmel- und Saumlängen der Oberteile mit deinem Körper vergleichen und eventuell die Längen anpassen.

Der Grundschnitt des Pullis sitzt locker und ist nicht tailliert. Du kannst je nach Stoff und Designwunsch auch mit den Größen spielen. Wenn du zum Beispiel einen weichen, sehr dehnbaren Jersey nimmst und das Oberteil eher enger anliegen soll, kannst du eine Größe kleiner wählen. Möchtest du ein Oversize-Shirt, kannst du eine oder mehrere Größen größer wählen.

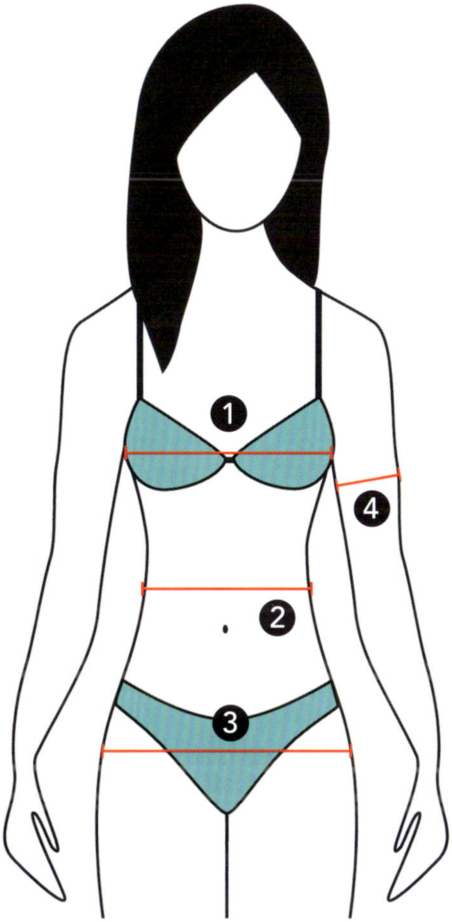

	34	36	38	40	42	44	46
Körperlänge	168 cm	168 cm	168 cm	168 cm	168 cm	168 cm	168 cm
❶ Brustumfang	82 cm	85 cm	88 cm	92 cm	96 cm	100 cm	106 cm
❷ Taillenumfang	66 cm	69 cm	72 cm	76 cm	80 cm	84 cm	90,5 cm
❸ Hüftumfang	91 cm	94 cm	97 cm	101 cm	105 cm	109 cm	114,5 cm
❹ Oberarmumfang	26 cm	27 cm	28 cm	29 cm	30 cm	31 cm	32 cm

SCHNITTANPASSUNG

Die wenigsten Frauen passen genau in eine Größe. Die Größentabelle soll vielmehr einen Anhaltspunkt liefern, zu welcher Größe du tendierst, und den Rest kannst du dann ggf. selbst anpassen.

ZWEI GRÖßEN MITEINANDER KOMBINIEREN

Ein häufiges Problem ist, dass die Größen von Brustumfang und Hüftumfang nicht übereinstimmen, zum Beispiel weil du verhältnismäßig viel Brust hast oder ein breiteres Becken. In diesem Fall kannst du zwei Größen miteinander kombinieren.

In diesem Beispiel gehen wir von einem kleineren Brustumfang und einem breiten Becken aus. Unter der Achsel auf Brusthöhe wählst du an Vorder- und Rückteil die kleinere Größe, die dem Brustumfang entspricht, am Saum wählst du die Größe, die dem Hüftumfang entspricht. Diese beiden Linien kannst du nun ineinander laufen lassen. Möchtest du nun noch ein Saumbündchen drannähen oder den Rockteil, solltest du diese Teile in der Größe des Hüftumfangs wählen. Alle Teile, die oben angenäht werden, wie Ärmel, Kragen oder Halsausschnittbündchen, werden in der Größe des Brustumfangs gewählt. Das gleiche Prinzip, nur anders herum, gilt natürlich auch bei großer Brust und schmalem Becken.

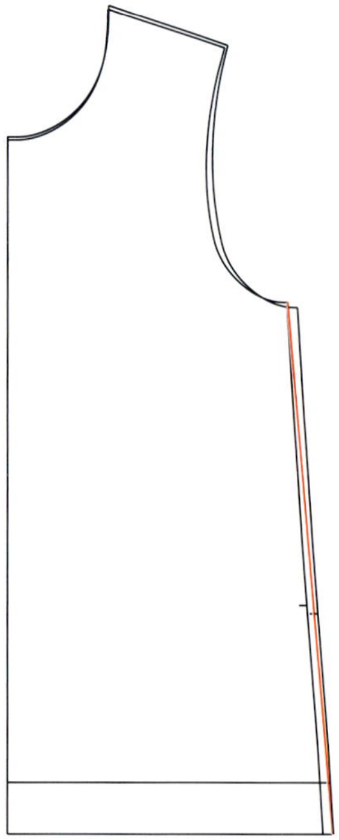

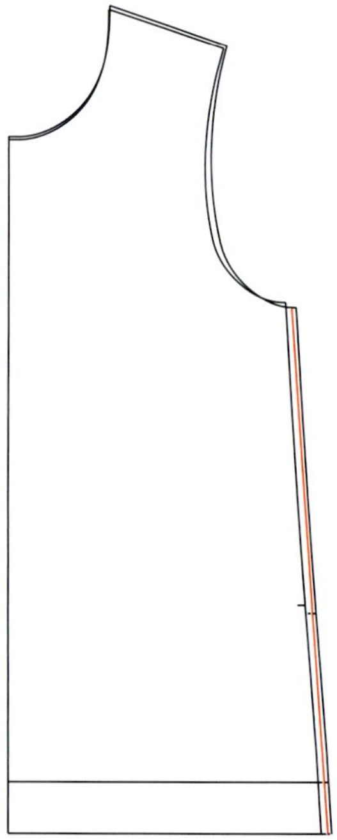

ZWISCHEN ZWEI GRÖßEN

Wenn du von den Maßen her genau zwischen zwei Größen bist, kannst du dir einfach eine Linie genau zwischen diesen beiden Größen zeichnen, das musst du dann aber auch an den anderen Linien wie dem Ärmel fortführen, damit die Teile zum Schluss wieder aneinander passen.

KURZE GRÖßEN UND LANGE GRÖßEN

Wie schon erwähnt, ist der Schnitt für Frauen mit einer Körpergröße von 1,68 m ausgerichtet. Wenn du nur ein paar cm größer oder kleiner bist, passt der Schnitt vermutlich trotzdem noch, aber wenn du mehr als 5 cm nach oben oder unten von diesem Maß abweichst, oder wenn du weißt, dass du einen langen/kurzen Oberkörper oder Arme hast, solltest du den Schnitt anpassen.

Um zu wissen, wie viel du das Oberteil kürzen oder verlängern musst, nimmst du die Differenz aus deiner Körpergröße und den 168 cm Standardmaß. Bist du zum Beispiel 178 cm groß, ist die Differenz 10 cm. Davon nimmst du nun die Hälfte (5 cm) und verlängerst das Oberteil um diese Strecke.

Dazu schneidest du Vorder- und Rückteil auf Taillenhöhe (siehe Taillenknips) horizontal durch und fügst die 5 cm dazwischen ein. Die Seitenlinie wird im Anschluss daran neu ausgeformt.

Genauso geht es auch anders herum, wenn der Schnitt zum Beispiel für eine 158 cm große Frau um 5 cm gekürzt werden muss. Der Schnitt wird wieder durchgeschnitten und die Teile werden 5 cm überlappend wieder aufeinander geklebt. Anschließend die Seitenlinien ausgleichen.

Ärmel kürzt und verlängerst du nach der gleichen Methode. Hierfür ist in den Ärmelschnittteilen eine Linie auf Ellenbogenhöhe eingezeichnet.

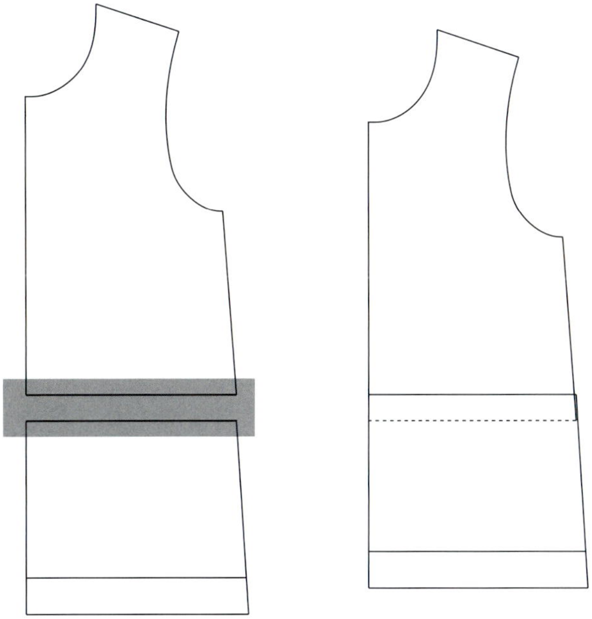

TAILLIERTE FORM

Der Pulli ist in der Grundform nicht tailliert, aber wenn du das gerne möchtest, kannst du dir selbst eine Taillierung einzeichnen. Dazu zeichnest du einfach vom Taillenknips aus gesehen eine Linie 3 cm nach links und verbindest diesen Punkt dann leicht gerundet mit dem Saum und dem Armausschnitt.

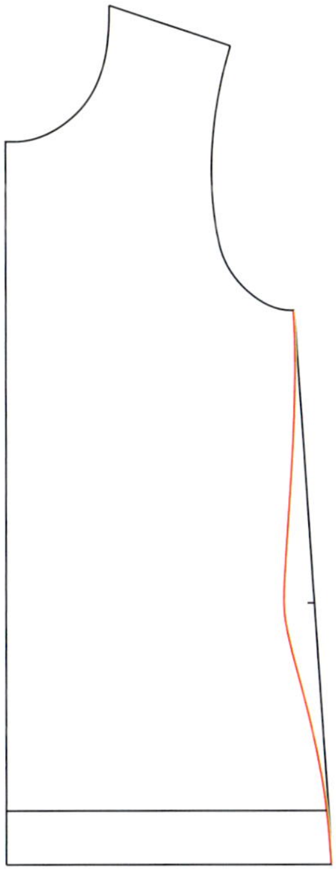

TIPP

Du kannst auch nachträglich den Pulli taillieren oder enger nähen. Nachdem du beim Pullover die Seiten- und Ärmelnähte geschlossen hast, kannst du einfach reinschlüpfen und schauen, ob dir die Weite gefällt oder ob du noch etwas abnähen möchtest.

DAS KOMBINATORPRINZIP

Du kannst dir diesen Schnitt wie einen Baukasten vorstellen. Er enthält viele verschiedene Elemente, die immer wieder neu miteinander kombiniert werden können. Dadurch hast du unzählige Möglichkeiten, um immer wieder neue, individuelle Pullover ganz nach deiner Vorstellung zu nähen.

DIE SCHNITTTEILE

Hier siehst du eine Übersicht über die Schnittteile, die du auf den Schnittmusterbogen findest. Welche Teile du für dein Modell brauchst und welche Linien du wählen musst, steht bei den einzelnen Projektbeschreibungen unter der Unterschrift „Zuschnitt".

SCHNITTMUSTERBOGEN 1

Armbündchen

Ärmel

Armflicken

Armumschlag ¾-Länge

Aufgesetzte Tasche

Halsbündchen

Kängurutasche

Kapuze

Schalkragen

Volant

Vorderteil

SCHNITTMUSTERBOGEN 2

Ausgestellter Ärmel

Bündchen runde Tasche

Hinterer Rockteil

Rückteil

Saumbündchen

Stehkragen

Taschenbeutel Rock

Taschenbeutel runde Tasche

Taschenbündchen Rock

Vorderer Rockteil

18 ERSTE KOMBINATIONEN

Ab Seite 46 findest du insgesamt 18 Hoodie- und Pulli-Varianten. Übe mit ihnen das Kombinatorprinzip oder lass dich ein wenig inspirieren!

	SCHNITT-ANPASSUNG	HALS-ABSCHLÜSSE	VERSCHLÜSSE	SAUM-ABSCHLÜSSE	ARM-ABSCHLÜSSE	TASCHEN	VERZIERUN-GEN
GRUNDSCHNITT	Länger (Modell Maren S. 118)	Bündchen (Modell Mathilda S. 122)	Reißverschluss (Modell Kirsten S. 108)	Bündchen (Modell Zoey S. 48)	Bündchen (Modell Rieke S. 104)	Kängurutasche (Modell Greta S. 113)	Volants (Modell Josefine S. 100)
	Kürzer	Jerseyschrägband (Modell Lea S. 96)	Kurze Knopfleiste (Modell Kati S. 82)	Umschlagsaum (Modell Marie S. 70)	Umschlagsaum (Modell Antonia S. 57)	Aufgesetzte Tasche (Modell Antonia S. 57)	Spitzeneinsätze (Modell Mathilda S. 122)
	Weiter Ausschnitt	Beleg (Modell Kati S. 82)	Lange Knopfleiste (Modell Clara S. 66)	Schlitze mit Beleg (Modell Bella S. 92)	Cuffs (Modell Kirsten S. 108)	Runde Eingriffstasche (Modell Maren S. 118)	Paspel-/ Bommelband (Modell Greta S. 113)
	Als Kleid (Modell Sophia S. 52)	Kapuze (z. B. Modell Kirsten S. 108)	Schnürung (Modell Fee S. 62)	Cuffs (Modell Kirsten S. 108)	Umschläge (Modell Lea S. 96)		Kordelzug (Modell Sophia S. 52)
	Enger	Stehkragen/ Rollkragen (Modell Rieke S. 104)		Reißverschlüsse (Modell Abby S. 87)			Armflicken (Modell Kati S. 82)
	Teilungsnähte (z. B. Modell Zoey S. 48)	Schalkragen (Modell Sophia S. 52)		Rüsche (Modell Amelie S. 78)			Applikationen (Modell Maren S. 118)
	Ausgestellter Ärmel (Modell Fee S. 62)	Rüsche (Modell Amelie S. 78)					
	Ausgestellter Ärmel mit Bündchen (Modell Jane S. 77)						

TEILUNGSNÄHTE EINZEICHNEN UND NÄHEN

Teilungsnähte sind eine wunderbare Möglichkeit, um verschiedene Stoffe miteinander zu kombinieren oder um Paspeln und Bänder einzuarbeiten. Viele schrecken aber davor zurück, selbstständig Teilungsnähte in Schnitte einzuzeichnen, dabei ist es eigentlich ganz einfach.

Die Schnittteile, die du abpausen kannst, sind alle so konzipiert, dass du sie im Bruch oder bei gedoppelter Stofflage zuschneidest, somit hat man ein bzw. zwei gespiegelte Teile. Wenn man symmetrische Teilungsnähte haben möchte, z. B. bei Modell Kati auf Seite 82, kann man sich also einfach die Schnittteile, wie sie sind, abpausen und die Teilungsnähte einzeichnen, den Schnitt zerschneiden und wieder alle Teile in doppelter Stofflage bzw. im Bruch zuschneiden.

Schwieriger wird es, wenn man unsymmetrische Teilungsnähte möchte, wie bei Zoey. Dafür musst du dir nämlich zunächst Vorder- und Rückteil gespiegelt abpausen, außerdem brauchst du auch den Ärmelschnitt zweimal, einmal normal und einmal gespiegelt.

Und so gehst du genau vor:

1. Pause den Schnitt vom Schnittmusterbogen in deiner Größe ab und mache ggf. Schnittanpassungen, um deiner Größe gerecht zu werden. Denk daran, bei unsymmetrischen Teilungsnähten den Schnitt zu spiegeln.
2. Zeichne deine Teilungsnähte mit Bleistift und Lineal ein. Du kannst auch Kurven zeichnen, sei dir aber darüber bewusst, dass diese schwerer zu nähen sind.
3. Jetzt kannst du die Teile entlang deiner Teilungsnähte zerschneiden. Beim Zuschnitt achte bitte darauf, dass du bei symmetrischen Teilungsnähten in doppelter Stofflage zuschneidest, bei unsymmetrischen hast du nur eine Stofflage. Achte dann unbedingt darauf, das Schnittteil immer mit der Beschriftung nach oben auf die rechte Stoffseite zu stecken, bevor du zuschneidest, sonst passen die Teile später nicht mehr aneinander.

Gib an allen Teilungsnähten deine Nahtzugabe (z. B. 1 cm) hinzu.

Nach dem Zuschneiden lässt du am besten erstmal die Papierschnittteile auf dem Stoff gesteckt und löst sie erst, wenn du das Teil vernähst, damit du nichts durcheinander wirfst.

WICHTIGE REGELN BEI TEILUNGSNÄHTEN:

- Lege Teilungsnähte so, dass sie an Seiten- oder Ärmelnähten wieder aufeinandertreffen.
- Wenn du im Brustbereich eine Teilungsnaht planst, dann lege sie entweder über die Brust oder so weit unter die Brust, dass sie wie bei einem Babydoll unter der Brust endet. Alles dazwischen sieht schnell unvorteilhaft aus. Für diagonale Teilungsnähte gilt das nicht. Beschrifte anschließend unbedingt alle Teile und zeichne auf jedem Teil den Fadenlauf ein.

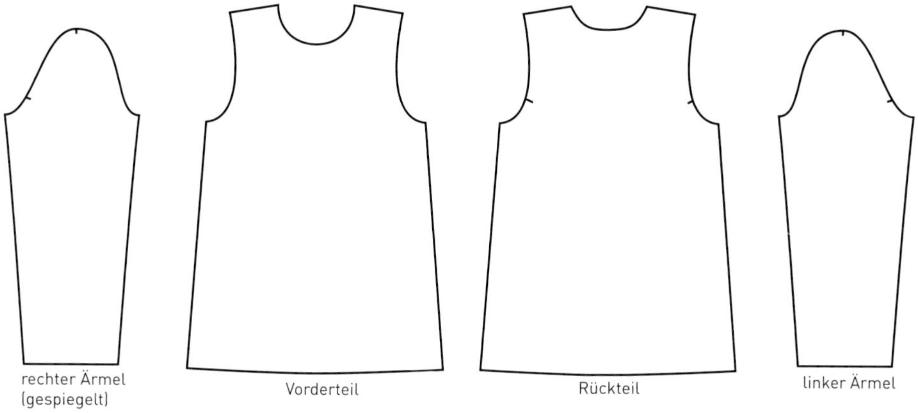
rechter Ärmel
(gespiegelt)
Vorderteil
Rückteil
linker Ärmel

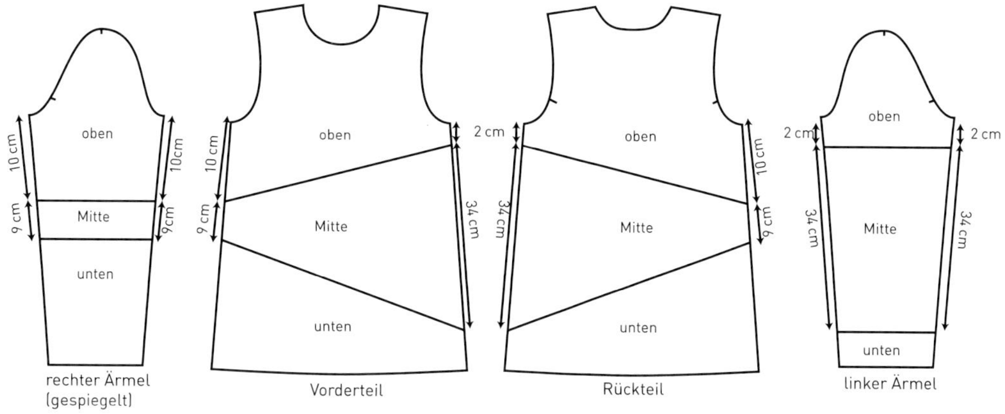
oben
Mitte
unten
10 cm
9 cm
10cm
9cm
2 cm
34 cm
rechter Ärmel
(gespiegelt)
Vorderteil
Rückteil
linker Ärmel

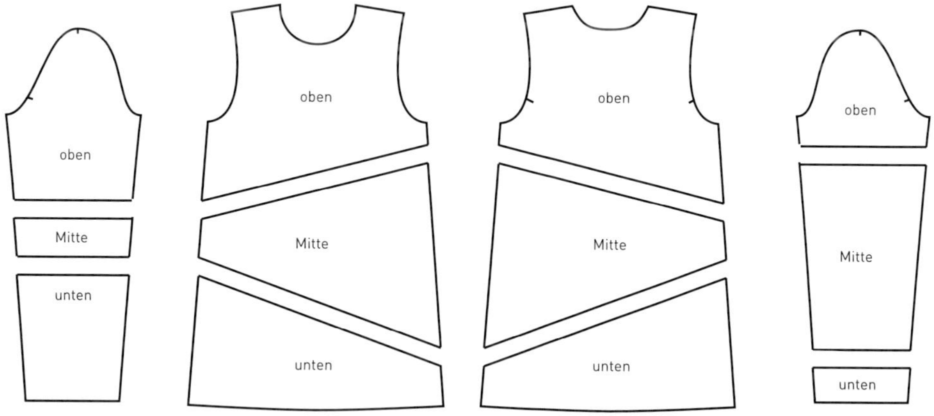
oben
Mitte
unten

BELEGE ABPAUSEN

Belege sind wunderbar dafür geeignet, einen schönen Kantenabschluss zu bekommen, vor allem bei schwierigen Formen wie Schlitzen im Ausschnitt oder am Saum.

Ich möchte dir am Beispiel eines unsymmetrischen Ausschnitts zeigen, wie einfach man sich einen Beleg selbst abpausen kann.

1. Pause den Schnitt vom Schnittmusterbogen in deiner Größe ab und mache ggf. Schnittanpassungen, um deiner Größe gerecht zu werden. Denk daran, bei unsymmetrischen Formen den Schnitt zu spiegeln.

2. Zeichne dir deine Schnittmodifikation ein, hier zum Beispiel den unsymmetrischen Schlitz am Ausschnitt. Es kann sich dabei aber auch um eine Verlängerung wie bei Modell Clara auf Seite 66 oder eine Knopfleiste wie bei Modell Kati auf Seite 82 handeln.

3. Wenn du deinen Schnitt abgeändert hast, kannst du dir an der Kante, die mit Beleg gearbeitet werden soll, parallel zur betroffenen Kante einen 4 bis 5 cm breiten Beleg einzeichnen. Wenn der Beleg um Ecken geht, kannst du ihn an dieser Stelle auch abrunden, das sieht schöner aus.

4. Jetzt paust du dir diesen Beleg nochmal ab und erhältst damit ein neues Schnittteil. Vergiss nicht es zu beschriften und den Fadenlauf einzutragen. Bei einem unsymmetrischen Beleg wie hier muss der Beleg gespiegelt zugeschnitten werden, damit er später passt, also dreh das Belegteil einmal um und beschrifte es auf der Rückseite.

5. Der Beleg wird wie die anderen Teile auch mit 1 cm Nahtzugabe zugeschnitten. Wenn du einen sehr dicken Außenstoff hast (z. B. Alpenfleece), empfiehlt es sich, für den Beleg einen dünneren Stoff (wie Jersey) zu nehmen, damit die Stelle nicht so dick wird.

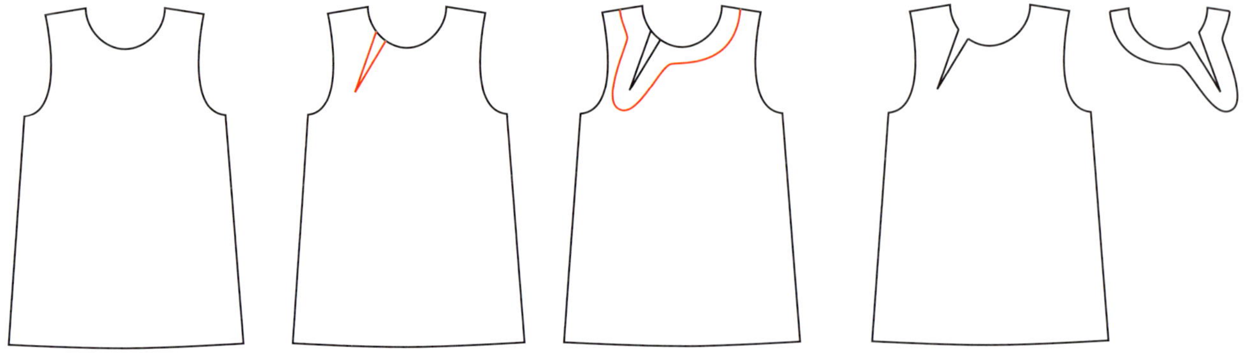

BEVOR ES LOSGEHT

STOFF WASCHEN

Alle Stoffe, die du direkt am Körper trägst und die als verarbeitetes Kleidungsstück regelmäßig gewaschen werden, sollten auch vor dem Zuschneiden eine Runde in Waschmaschine (und eventuell Trockner) drehen. Achte dabei auf die Herstellerangaben zur Waschtemperatur und Trocknereignung.

Der Grund ist zum einen, dass viele Stoffe (vor allem Baumwollstoffe) noch etwas einlaufen, was dazu führen könnte, dass die Kleidung nach dem Waschen plötzlich zu klein ist. Zum anderen finden sich in ungewaschenen Stoffen immer noch Rückstände aus der Stoffproduktion, und die will man ja auch nicht die ganze Zeit beim Nähen an den Fingern haben.

SCHNITTMUSTER

Alle Schnittteile, für die ein Schnittmuster benötigt wird, sind mit einem Hinweis versehen, auf welchem Schnittmusterbogen sie zu finden sind. Außerdem enthalten die Projektanleitungen Hinweise, welche Saum-Linien man verwenden muss, um das entsprechende Projekt umzusetzen. Bitte übertrage dir auch immer alle für dein Projekt relevanten Markierungen und Positionen, z. B. für Markierungspunkte, Taschen oder Armflicken.

NAHT- UND SAUMZUGABEN

Sofern nicht anders angegeben, ist die Nahtzugabe noch nicht in den Schnittteilen enthalten. Sie sollte beim Zuschneiden mit dazugegeben werden, im Normalfall 1 cm. Als Saumzugabe bei Umschlagsäumen werden 2 cm gewählt. Ausnahmen stehen in den Anleitungen und direkt auf dem Schnittmusterbogen. Die Bündchenteile sind schon alle mit 1 cm Nahtzugabe rundum gezeichnet.

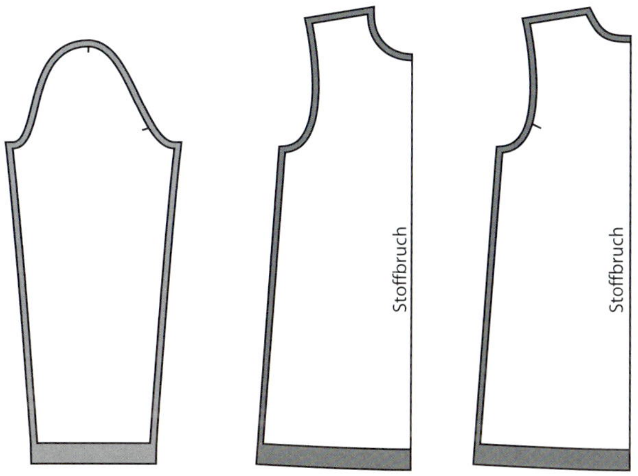

SCHNITTMUSTER ABPAUSEN

Zum Abpausen deiner Größe aus dem Schnittmusterbogen kannst du spezielles Schnittmusterpapier nehmen, manche schwören aber auch auf Folien oder dünne Vliese. Egal für welche Variante du dich entscheidest, denke bitte daran, die Schnittteile zu beschriften, den Fadenlauf, Knipse, Markierungen und Abnäher auf deinen Schnitt zu übertragen. Bei manchen Schnitten musst du zusätzlich Belege abpausen, das steht dann nochmal in der Projektanleitung. Wie das mit dem Abpausen der Belege genau geht, erfährst du auf Seite 29.

STOFFBREITE

Sofern nicht anders angegeben, sind die Stoffmaße für die Normalbreite von 140 cm angegeben.

ZUSCHNEIDEN

Fast alle Teile werden im Stoffbruch zugeschnitten, das bedeutet, dass du die Webkanten deines Stoffes aufeinanderlegst. Die Falte, die an der gegenüberliegenden Seite entstanden ist, nennt man „Stoffbruch" oder kurz „Bruch". Einige Teile werden „im Bruch" zugeschnitten, das heißt, du musst sie mit der mit „Stoffbruch" markierten Kante an diesen Bruch anlegen, ohne Nahtzugabe dazwischen. Wenn du das Teil so zuschneidest, erhältst du ein zusammenhängendes Teil mit zwei gespiegelten Seiten.

Ansonsten ist es wichtig, dass du den Fadenlauf bei jedem Schnittteil einhältst. Dieser verläuft immer parallel zur Webkante. Knipse markierst du dir durch kleine Einschnitte in die Nahtzugabe, Markierungen innerhalb des Schnittes mit Kreide.

SCHWIERIGKEITSGRADE

 = anfängertauglich

 = braucht etwas Übung

 = tricky, aber auch das schaffst du!

WICHTIGE TECHNIKEN

ZUSAMMENSETZEN DES PULLIS

Fast alle Pullis in diesem Buch werden nach dem gleichen Prinzip zusammengesetzt. Diese Variante hat den Vorteil, dass es recht schnell und einfach geht und man auch im Nachhinein noch gut Weitenanpassungen vornehmen kann. Wenn du Taschen oder Verzierungen nähen möchtest, solltest du das besser vor dem Zusammensetzen machen, denn dann sind die Stellen leichter zugänglich. Bei einem Pulli mit Teilungsnähten muss man erst alle Teilungsnähte zusammennähen, bevor man den Pulli zusammensetzt.

1. Wir beginnen direkt mit den Schultern. Vorder- und Rückteil nähst du an den Schultern rechts auf rechts mit 1 cm Nahtzugabe zusammen und bügelst die Nahtzugabe anschließend in Richtung des Rückteils.
2. Jetzt steckst du die Ärmel in die Armausschnitte. Der Knips oben am Ärmel trifft auf die Schulternaht, der Knips hinten im Ärmel trifft auf den Knips im Rückteil. Mit 1 cm Nahtzugabe rechts auf rechts einnähen.
3. Als Nächstes faltest du den Pullover rechts auf rechts zusammen. Stecke die Seitennähte und Ärmelnähte zusammen und nähe sie mit 1 cm Nahtzugabe zusammen. Achte darauf, dass die Ärmelnähte in der Achsel aufeinander liegen. Die Nahtzugabe zum Rückteil bügeln und den Pulli auf rechts wenden.

Jetzt ist ein guter Zeitpunkt, einmal in den Pulli reinzuschlüpfen, um zu überprüfen, ob er so sitzt, wie du dir das vorstellst. Du hast jetzt nämlich noch die Möglichkeit, ihn an den Seiten- und Ärmelnähten enger zu nähen sowie Ärmel und Saum zu kürzen. Wenn alles sitzt, wie es soll, können die verschiedenen Saumabschlüsse oder Kragen genäht werden.

Manchmal kann man diese Variante der Verarbeitung nicht anwenden, zum Beispiel wenn die Seitennähte verschoben sind wie bei Mathilda. Wie du dann vorgehst, beschreibe ich in der Anleitung auf Seite 122.

1

2

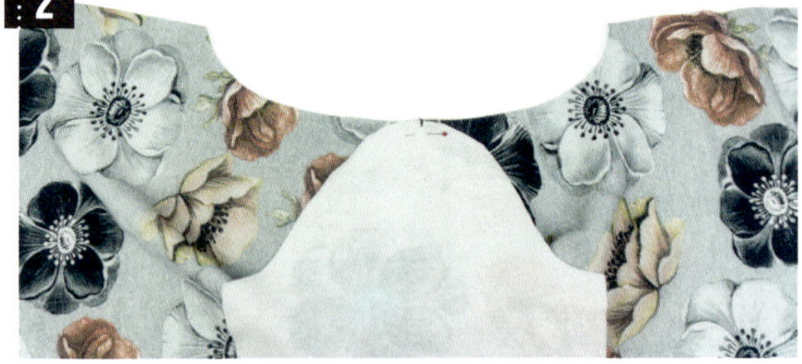

3

HALS- UND SAUMABSCHLÜSSE

BÜNDCHEN

Bündchen sind die klassischen Abschlüsse bei Pullovern. Wie sie angebracht werden, erkläre dir am Beispiel des Halsausschnittbündchens, ein Saum- oder Ärmelbündchen wird aber auf die gleiche Weise genäht.

Für den Grundschnitt gibt es die passenden Bündchen schon als Schnittteil, das du dir aus dem Schnittmusterbogen übertragen kannst. Wenn du eigenständig den Pullover weiter zuschneidest oder den Halsausschnitt vergrößerst/verkleinerst, musst du dir die Länge selbst ausrechnen. Dazu misst du die Strecke, an die das Bündchen soll, rundum und multiplizierst das Ergebnis mit 0,7, wenn du ein weiches Bündchen hast, oder mit 0,8 bei einem festeren Bündchen. Jetzt addierst du noch deine Nahtzugabe. Da die Bündchen immer eine gewisse Höhe haben, wähle beim Grundschnitt bitte immer die Bündchenlinien am Saum und am Halsausschnitt.

1. Stecke das Bündchen an den kurzen Seiten rechts auf rechts aufeinander und nähe es zusammen (es entsteht ein Ring). Achte bei langen Bündchen wie am Saum darauf, dass sich das Bündchen nirgendwo verdreht hat. Anschließend die Nahtzugabe in eine Richtung bügeln, welche ist egal.
2. Nun klappst du die langen, offenen Kanten aufeinander, sodass die rechte Stoffseite außen ist. Die Nahtzugabe der Naht, mit der du eben das Bündchen zum Ring geschlossen hast, liegt innen zwischen den Stofflagen. Die Kanten liegen genau aufeinander, somit entsteht auf der anderen Seite ein Bruch, den du in das Bündchen bügelst.
3. Stecke das Bündchen jetzt auf die rechte Stoffseite entlang des Halsausschnitts. Die Bündchennaht liegt auf einer Schulternaht. Bei Saumbündchen liegt sie auf einer der Seitennähte, bei Armbündchen auf der Armnaht. Die offene Seite liegt direkt an der Halsausschnittkante. Jetzt steckst du das Bündchen rundum gleichmäßig gedehnt fest und nähst es mit elastischem Stich bzw. der Overlock an.
4. Nach dem Annähen ist es wichtig, das Bündchen mit viel Dampf wieder in Form zu bügeln, damit die Naht sich nicht wellt. Um zu verhindern, dass die Nahtzugabe umklappt und hervorschaut, kannst du den Pulli von außen knapp neben dem Bündchen mit elastischem Stich absteppen.

1

2

3

4

JERSEYSCHRÄGBAND

Seit einiger Zeit findet man in Stoffgeschäften und online immer häufiger Jerseyschrägband. Dieses ist genauso vorgebügelt wie normales Schrägband aus Baumwolle, nur halt aus Jersey. Normalerweise wird für diese Schrägbänder Baumwolljersey verwendet. Dadurch sind sie zwar leicht dehnbar, aber bei Weitem nicht so stark dehnbar wie ein Bündchen. Deshalb empfehle ich, das Jerseyschrägband nur an Stellen zu verwenden, die nicht stark gedehnt werden müssen, zum Beispiel an einem weiten Ausschnitt, an Schlitzen oder am Saum. Angenäht wird es wie ein normales Schrägband, das gelingt am besten so:

1. Das vorgebügelte Schrägband wird aufgefaltet und von der linken Stoffseite an die einzufassende Kante gesteckt. Wenn du eine runde Strecke wie den Halsausschnitt einfasst, beginnst du damit an einer Schulternaht und lässt dort 1 cm Schrägband überstehen.
2. Wenn du mit Stecken wieder am anderen Ende angekommen bist, lässt du wieder 1 cm über der Schulternaht überstehen und schneidest den Rest Schrägband ab. Die beiden Enden müssen nun zum Ring geschlossen werden, indem man sie rechts auf rechts zusammensteckt und mit 1 cm Nahtzugabe (also das, was du am Anfang und am Ende überstehen lassen hast) zusammennäht. Anschließend kann das Schrägband im ersten Bügelfalz rundum mit elastischem Stich angenäht werden.
3. Nun kannst du den Pulli wieder auf rechts wenden und den Rest des Schrägbands um die Kante falten und so feststecken, dass auf jeden Fall die erste Naht verdeckt wird.
4. Zum Schluss muss das Schrägband nur noch einmal von außen knappkantig abgesteppt werden und gegebenenfalls etwas in Form gebügelt werden.

1

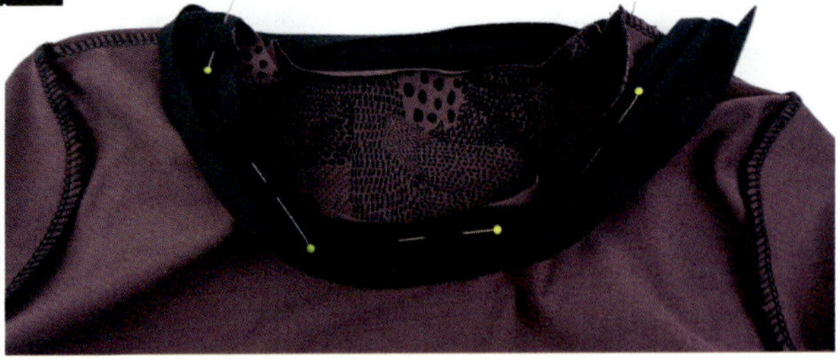

2

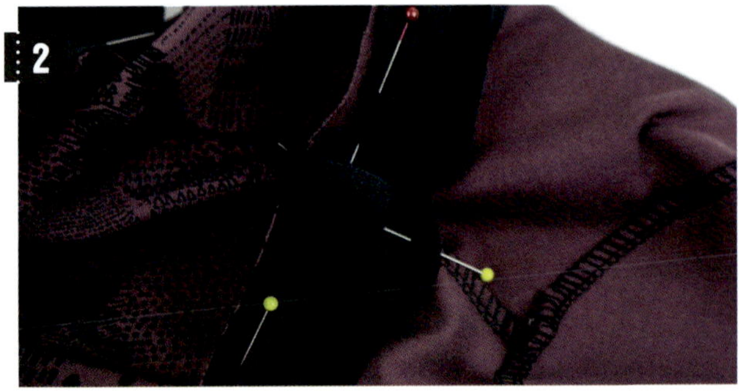

3

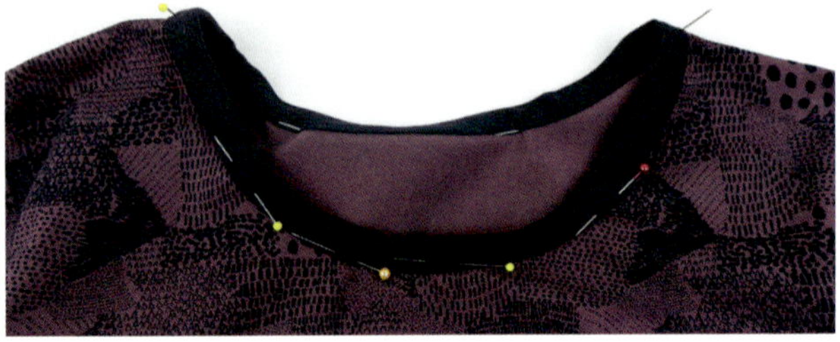

4

UMSCHLAGSAUM

Der Umschlagsaum ist die einfachste Art des Saums. Er eignet sich vor allem für Pullover, die etwas schicker aussehen sollen, denn Bündchen wirken eher sportlich. Der Umschlagsaum ist für die Ärmel und den Saum geeignet, nicht für den Halsausschnitt. Wenn du einen Umschlagsaum nähen willst, musst du am Schnitt die entsprechende Saumlinie wählen und zusätzlich 2 cm Saumzugabe hinzugeben, das wird aber auch in den Anleitungen immer erwähnt.

1. Zuerst muss die Saumkante versäubert werden. Je nach Stoff ist das zwar vom Ausfransen her nicht unbedingt nötig, aber es sieht von innen einfach schöner aus. Anschließend wird der Saum rundum 2 cm zur linken Stoffseite hin gebügelt.
2. Zum Schluss wird der Saum nur noch mit ca. 1,7 cm Abstand zur Saumkante mit elastischem Stich abgesteppt (damit wird der umgebügelte Saum mitgefasst). Bei sehr weichen, rutschigen Stoffen empfehle ich vor dem Nähen den Saum nochmal mit Stecknadeln zu stecken, damit die Stofflagen sich beim Nähen nicht verschieben.

1

2

ROLLSAUM

Der Rollsaum ist eine besondere Saumvariante, die ich in diesem Buch verwendet habe, um zum Beispiel den Volant am Ärmel oder die Rüschen zu versäubern. Bei Jerseystoffen kann man ihn auch für den Saum oder die Ärmelsäume nehmen, bei Sweat und allen festeren Stoffen würde ich das aber nicht empfehlen.

Ein Rollsaum ist ein ganz enger, schmaler Overlockstich, der die Kante umschließt. Der Vorteil ist, dass die Naht kaum aufträgt und man auch einfach enge Kurven wie beim Volant säumen kann.

Wenn ihr eine Overlock habt, schaut mal in der Bedienungsanleitung, welche Einstellungen ihr vornehmen müsst, um einen Rollsaum zu erhalten, da sind alle Maschinen etwas unterschiedlich.

Was die Maschinen aber gemeinsam haben, ist meistens, dass man die linke Nadel entfernen muss, die Stichlänge und -breite so klein wie möglich einstellt und die Fadenspannung des unteren Greifers erhöht und des oberen Greifers verringert.

Der Differentialtransport wird je nach gewünschtem Ergebnis verstellt. Möchte man ein welliges Ergebnis, wird er sehr klein gestellt und beim Nähen am Stoff gezogen, möchte man ein glattes Ergebnis, bleibt der Differentialtransport normal und man lässt die Maschine den Stoff transportieren, ohne zu ziehen. Ich habe in den Anleitungen nur glatte Rollsäume genäht.

Wenn du keine Overlock besitzt, kannst du den Rollsaum auch mit deiner normalen Nähmaschine nähen, wenn auch etwas schwerer. Dazu musst du einen möglichst engen Zickzackstich einstellen und damit die Kante umnähen. Wenn der Stoff von der Maschine „gefressen“ wird, hilft es, Stickvlies unterzulegen, das man später abreißen oder auswaschen kann.

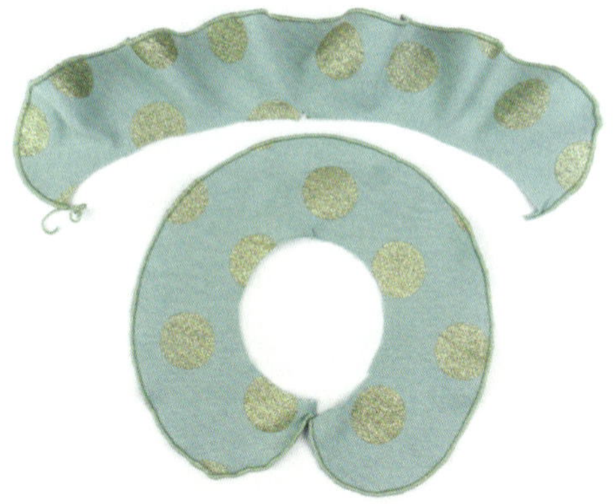

KAPUZE

Kapuzen sind einfach immer praktisch, sie halten warm, schützen vor Wind und Regen und sehen dazu noch super lässig aus. Es gibt verschiedene Kapuzenformen und auch verschiedene Arten, diese zu nähen, jede hat ihre Vor- und Nachteile. Ich habe für dieses Buch nur doppellagige Kapuzen genäht, was den Vorteil hat, dass die Kapuze auch von innen sehr schön aussieht, sie recht warm hält und auch für Anfänger leicht zu nähen ist. Der Nachteil ist, dass der Stoffverbrauch etwas höher wird, denn das Kapuzenteil muss 4x zugeschnitten werden: 2x für außen und 2x für innen. Am Schnitt wählst du bitte die höhere Kragen- und Kapuzenlinie am Halsausschnitt.

1

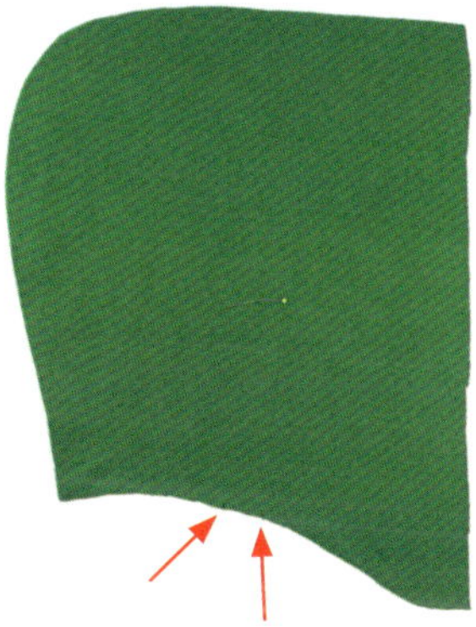

2

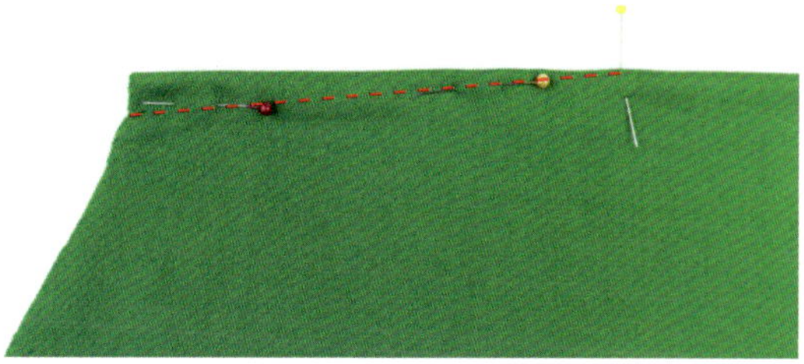

1. Zuerst müssen die Abnäher in die Kapuze genäht werden. Diese markierst du dir zum einen in der Nahtzugabe als Einschnitte (Knipse), dort wo die Abnäherschenkel enden, und zum anderen mit einer Nadel in der Spitze. Alternativ kannst du den Abnäher im Papierschnitt auch ausschneiden, den Papierschnitt dann auf die linke Stoffseite der Kapuze legen und den Abnäher mit Kreide nachzeichnen.

2. Wenn der Abnäher markiert ist, legst du die beiden Knipse in der Nahtzugabe aufeinander, sodass die rechte Stoffseite innen liegt. Es entsteht ein Stoffbruch, in dem auch die Abnäherspitze liegt. Stecke von der Spitze (im Bruch durch eine Quernadel markiert) bis zu den Knipsen Nadeln, entlang derer du den Abnäher mit der normalen Nähmaschine und Geradstich nähst. An der Abnäherspitze die Naht möglichst flach auslaufen lassen.

3

5

4

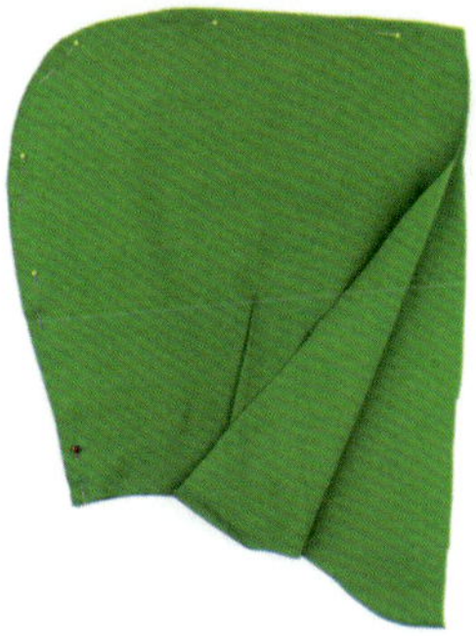

6

3. Der Abnäherinhalt wird nun in Richtung des Hinterkopfs (die Seite mit der Rundung) gebügelt. Das Gleiche wiederholst du mit den anderen drei Kapuzenteilen.
4. Jetzt kannst du zwei gegengleiche Kapuzenteile rechts auf rechts entlang der Rundung an Hinterkopf und Oberkopf zusammenstecken und mit 1 cm Nahtzugabe zusammennähen. Die Nahtzugabe in eine Richtung bügeln und das Gleiche mit den anderen beiden Kapuzenteilen wiederholen.
5. Du hast jetzt zwei Kapuzen, die äußere und die innere. An die äußere Kapuze kannst du als Nächstes die Ösen laut Positionsmarkierung anbringen, wenn du einen Kordelzug nähen möchtest. Wie das genau geht, ist auf Seite 44 beschrieben.
6. Nun steckst du die beiden Kapuzen rechts auf rechts entlang der Gesichtskante zusammen und nähst sie mit 1 cm Nahtzugabe zusammen.

7

9

8

10

7. Anschließend wendest du die Kapuze und bügelst die Kante schön, bevor du sie mit 4 cm Kantenabstand nochmal von außen absteppst. Dadurch entsteht ein Tunnelzug, durch den später die Kordel eingezogen wird. Damit du die Kapuze nachher besser einnähen kannst, kannst du auch an der unteren, noch offenen, Kante die beiden Kapuzenlagen knappkantig aufeinander nähen.
8. Bei PULLOVERN: Jetzt steckst du die Kapuze rechts auf rechts an den Halsausschnitt. Die Hinterkopfnaht liegt auf der hinteren Mitte, die Abnäher treffen auf die Schulternähte und vorne treffen sich die beiden Kapuzenkanten. Rundum mit 1 cm Nahtzugabe annähen.
9. Bei JACKEN: Bei einer Jacke wird die Kapuze genauso eingesteckt. Wo sie vorne genau endet, ist aber von Variante zu Variante unterschiedlich und wird bei den entsprechenden Modellen beschrieben (siehe Seite 48 Kapuzenjacke Zoey oder Seite 113 Pullover Greta).
10. Zum Schluss musst du nur noch die Kordel durch die Ösen einziehen. Das geht am einfachsten mit einer großen Sicherheitsnadel. Damit die Kordel nicht verloren geht, kannst du sie, wenn sie richtig und gleichmäßig eingezogen ist, noch am Oberkopf in der Naht festnähen.

DIESE WEITEREN VARIANTEN FÜR HALSAUSSCHNITT UND SÄUME FINDEST DU IM BUCH:
Stehkragen, Schalkragen, Rollkragen, Rüsche, Beleg, Cuff-Bündchen, seitliche Schlitze am Saum.

TASCHEN

Taschen gehören zu einem gemütlichen Pullover einfach dazu. Ich erkläre dir in diesem Buch drei beliebte Taschenarten, die jeden Pullover zu einem Lieblingsteil machen.

KÄNGURUTASCHEN

Wer liebt sie nicht, die Kängurutaschen? Schön groß bieten sie genug Platz für kalte Hände, aber auch für Taschentücher, Handy und was man sonst noch gerne bei sich trägt. Wenn man die Kängurutasche im Bruch zuschneidet, kann man sie für Pullover verwenden, einzeln zugeschnitten geht sie aber auch super bei Jacken. Ich erkläre jetzt, wie die Tasche auf einen Pullover genäht wird, das Prinzip ist bei Jacken aber das gleiche. Beachte bitte, dass die Kängurutasche an der Eingriffskante mit 2 cm Nahtzugabe zugeschnitten wird, an den restlichen Kanten mit 1 cm.

1. Wir beginnen mit den Eingriffskanten. Diese versäuberst du als Erstes und bügelst sie danach 2 cm nach links um.
2. Jetzt kannst du die umgebügelten Seiten mit ca. 1,7 cm Kantenabstand von rechts absteppen.
3. Als Nächstes versäuberst du die obere Kante und die Seiten und bügelst sie anschließend 1 cm zur linken Stoffseite um.
4. Zum Schluss steckst du die Tasche links auf rechts auf das Vorderteil, sodass die untere, unversäuberte Kante am Saum liegt und die Tasche mittig zwischen den Seitennähten. An allen Seiten außer den Eingriffskanten knappkantig aufnähen und zum Schluss nochmal schön flach bügeln.

1

2

3

4

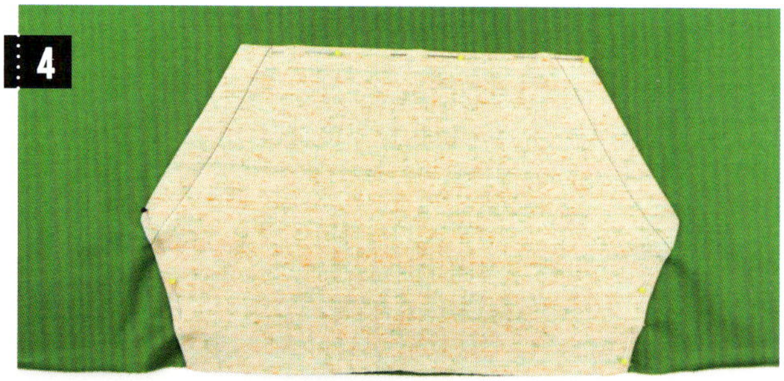

RUNDE TASCHEN

Runde Eingriffstaschen verleihen einem Pullover oder Sweatkleid immer einen verspielten Look, denn man kann schön mit der Bündchenfarbe und dem Taschenbeutelstoff spielen. Beim Zuschneiden schneidest du am Vorderteil den Halbkreis mit aus (aber mit Nahtzugabe!), außerdem benötigst du das passende Bündchen und den passenden Taschenbeutel. Hier hast du nochmal zwei Möglichkeiten: Bei einem Pulli mit Bündchen wählst du die gerade Linie unten am Taschenbeutel, bei Pullovern mit Umschlagsäumen oder Kleidern nimmst du die gerundete Kante.

1. Für die Taschen bügelst du zuerst die Bündchen der Länge nach in den Bruch, die rechte Stoffseite liegt außen. Dann steckst du sie gedehnt rechts auf rechts an die Kanten der halbkreisförmigen Eingriffe und nähst sie mit 1 cm Nahtzugabe an.
2. Anschließend klappst du die Bündchen um und bügelst sie schön in Form.
3. Als Nächstes versäuberst du den Taschenbeutel entlang der Rundung.
4. Den versäuberten Taschenbeutel steckst du den Knipsen entsprechend rechts auf links hinter den Tascheneingriff. Die Seitennähte liegen aufeinander.
5. Zum Schluss nähst du den Taschenbeutel rundum fest und bügelst die Tasche anschließend nochmal schön in Form.

2

3

4

1

5

AUFGESETZTE TASCHEN

Ob als kleine Brusttasche oder als große Tasche an einem Cardigan, aufgesetzte Taschen gehen immer und lassen sich zum Beispiel super mit Applikationen kombinieren. Genäht sind sie ganz einfach. Zuerst schneidet man sie mit rundum 1 cm Nahtzugabe zu und anschließend fertigt man sich aus dem Papierschnitt und einer Pappe eine Bügelschablone – dieses Mal ohne Nahtzugabe.

1. Zuerst versäuberst du die Tasche rundum, anschließend kannst du die obere gerade Kante 1 cm nach links umbügeln und absteppen.
2. Um eine schöne Rundung zu bekommen, gibt es einen einfachen Trick. Dazu stellst du an der normalen Nähmaschine den größtmöglichen Geradestich ein und nähst entlang der Overlocknaht der unteren Taschenhälfte eine Naht. Anfang und Ende nicht verriegeln und die Fadenenden lang lassen. Jetzt kannst du die Schablone auflegen. Durch Ziehen an einem der langen Fäden zieht sich die untere Kante um die Schablone und kann so gebügelt werden.
3. Nun kannst du die Schablone wieder vorsichtig entfernen und die Tasche auf dem Vorderteil positionieren. Stecke sie entlang der Seiten und der unteren Rundung fest und nähe sie anschließend knappkantig an. Zum Schluss noch die Tasche in Form bügeln.

1

2

3

ARMFLICKEN

Armflicken sind schnell und einfach zu nähen, verleihen einem Pulli aber direkt eine Extraportion Charme. Aber nicht nur aus optischen Gründen sind die Flicken sinnvoll. Wer viel am Schreibtisch arbeitet, verhindert mit den Armflicken, dass die Stoffe an den Ellbogen zu schnell dünn werden.

Wenn du die Armflicken aus Jersey, Sweat oder Leder nähst, musst du sie rundum nicht versäubern, sie werden einfach laut Position auf die rechte Stoffseite des Ärmels gesteckt und rundum knappkantig mit Geradstich oder Zickzackstich angenäht. Nimmst du gewebte Stoffe als Armflicken, solltest du unbedingt einen engen Zickzackstich zum Aufnähen nehmen, damit die Kanten nicht ausfransen. Du kannst die Armflicken vor dem Annähen auch mit beidseitiger Bügeleinlage (Vlisofix) befestigen, dann besteht aber die Gefahr, dass die Stelle zu steif wird.

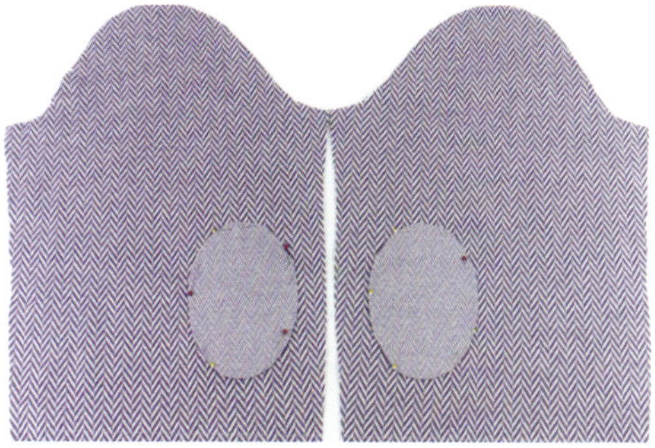

JERSEYDRUCKKNÖPFE

Jerseydruckknöpfe sind wunderbar geeignet für Knopfleisten an Shirts, denn durch ihre vielen Zähne reißen sie nicht so schnell aus. Es gibt sie in vielen verschiedene Varianten, mit offener Kappe oder geschlosser, in allen möglichen Farben. Zum Befestigen benötigt man das passende Werkzeug, normalerweise eine Zange mit entsprechenden Aufsätzen oder ein Schlagwerkzeug, mit dem man die Knöpfe mit einem Hammer befestigt. Die genaue Anleitung entnimmst du bitte den Herstellerangaben, da sie je nach Marke etwas anders sind. Ich habe aber die Erfahrung gemacht, dass Jerseydruckknöpfe (egal welche Werkzeugart) besser halten, wenn man die Zähnchen zuerst von Hand durch den Stoff drückt, dann erst das Gegenstück drauf macht und den Knopf mit dem Werkzeug befestigt. Wenn – wie bei den Projekten in diesem Buch – der Druckknopf in einer doppelten Lage Bündchenware befestigt wird, braucht der Stoff nicht eigens verstärkt zu werden.

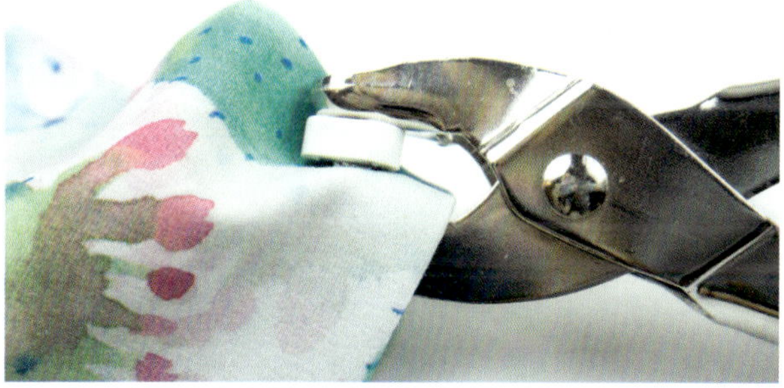

ÖSEN

Immer wenn in ein Kleidungsstück eine Kordel soll, benötigt man auch Ösen. Allerdings ist es bei Jerseystoffen schwer, Ösen anzubringen, weil sie durch die Dehnung leicht ausreißen. Man kann sich aber recht einfach Abhilfe schaffen, indem man mit kleinen Lederresten den Stoff verstärkt.

1. Aus dem Leder kannst du Kreise oder andere Formen schneiden, die ein Stückchen größer sind als die Öse. Diese Formen werden dann rundum in der gewünschten Position auf den Stoff genäht.
2. Anschließend schneidest du das Loch für die Öse in Leder und Stoff, am besten mit einem Stanzwerkzeug.
3. Jetzt kannst du die Öse mit dem Ösenwerkzeug anbringen; wie das geht, ist auf der Ösenpackung beschrieben. Durch die Verstärkung kann sie nicht mehr ausreißen.

1

2

3

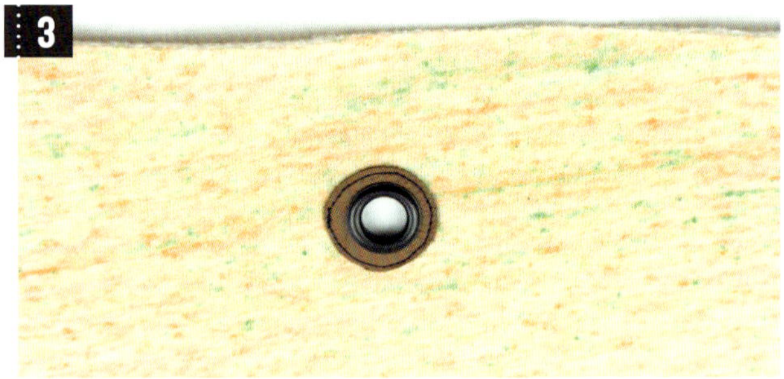

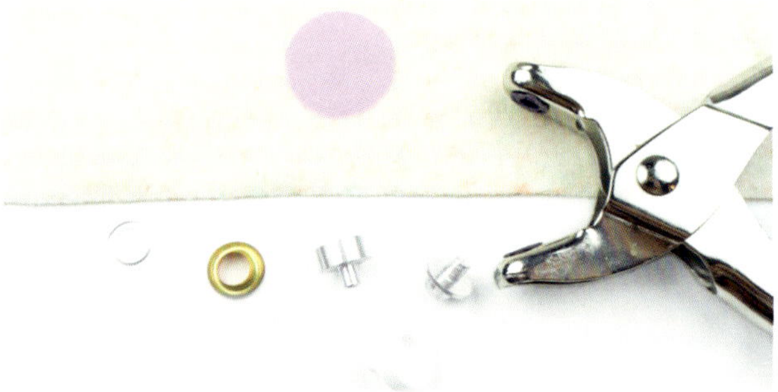

TIPP
Eine andere Variante bei etwas festeren Stoffen wie Sweat ist es, die Positionen der Ösen von der linken Stoffseite aus mit Einlagepunkten (Wonder-Dots) zu verstärken.

TEILBAREN REIẞVERSCHLUSS KÜRZEN

Teilbare Reißverschlüsse gibt es im Handel oft nur in Längen in 5-cm-Schritten. Aber was, wenn man eine Länge braucht, die dazwischen liegt? Einen teilbaren Reißverschluss zu kürzen ist gar nicht so schwer, wie man denkt. Man benötigt nur eine Kneifzange, ein Feuerzeug und Reißverschlussenden oder alternativ etwas passendes Nähgarn und eine Handnähnadel.

1. Zuerst markierst du dir die Länge des Reißverschlusses. Ein teilbarer Reißverschluss endet bei Kapuzenjacken normalerweise genau unten am Saum und hat nach oben einen Abstand von 1 cm zur Halsausschnittkante. Dort markierst du dir am Reißverschluss das Ende.
2. Mit der Kneifzange kannst du nun die Zähnchen oberhalb der markierten Linie abkneifen. Dazu legst du das Reißverschlussstück am besten stramm über den Finger, dann kommst du am besten an die Zähnchen. Aber Vorsicht, die Zähnchen können wegspringen, trag lieber eine (Schutz-)Brille, damit nichts ins Auge geht.
3. Wenn du die überflüssigen Zähnchen auf beiden Seiten entfernt hast, kannst du über den letzten Zähnchen die Reißverschlussenden mit einer Zange anbringen. Da man sowas aber nicht unbedingt immer griffbereit hat, kannst du das Ende auch einfach von Hand nähen. Dafür mit einem doppelten Faden die Kante über dem Zähnchen mehrmals umnähen, sodass das Reißverschlussschiffchen nicht mehr darübergezogen werden kann.
4. Zum Schluss schneidest du das Reißverschlussband 2 bis 3 cm über dem Ende der Zähnchen ab und schmilzt die Bandkanten mit dem Feuerzeug ein wenig an, sodass sie nicht mehr ausfransen. Jetzt kann der Reißverschluss einfach eingenäht werden.

1

2

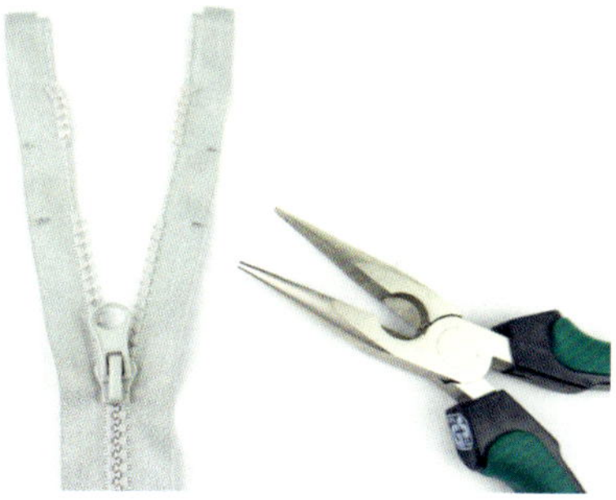

3

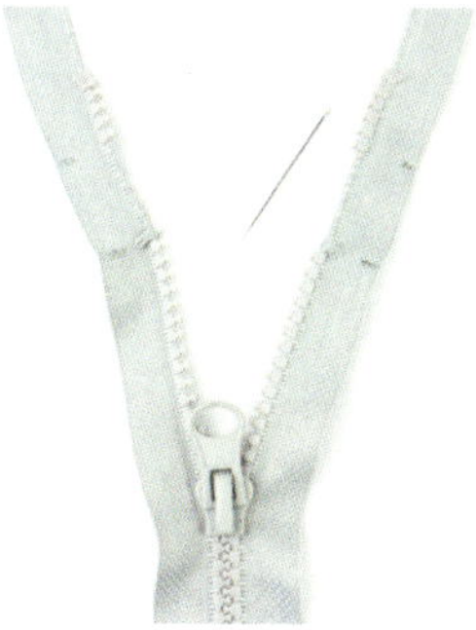

4

PROJEKTE

ZOEY

Sportlich, cool und absolut einzigartig ist Zoey mit ihren diagonalen Teilungsnähten, die sich wunderbar für Colorblocking eignen.

MATERIAL

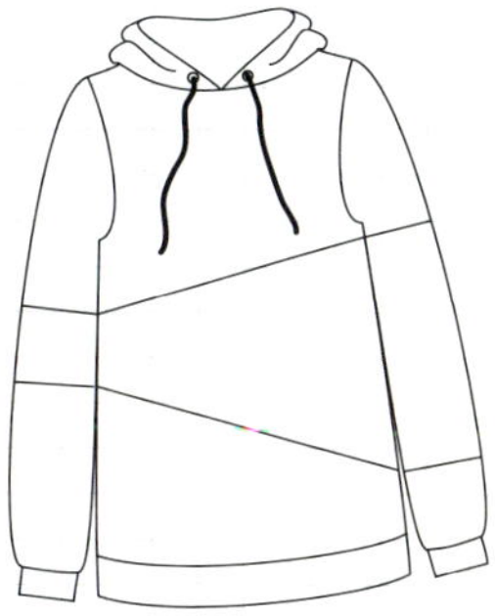

Als Material eignen sich wärmere Stoff wie Sweat und Fleece, Walk und Alpenfleece.

- 100 cm gelber Sweat (140 cm breit)
- 40 cm grauer Sweat (140 cm breit)
- 40 cm petrolfarbener Sweat (140 cm breit)
- 30 cm petrolfarbener Bündchenstoff
- 2 Ösen mit 12 mm Durchmesser
- 1,5 m Kordel
- Etwas Vlieseline oder Lederreste zum Verstärken der Ösen

SCHNITTANPASSUNG

Für Zoey wählst du den einfachen Grundschnitt, an Armen und Saum an der Bündchenlinie gekürzt. Am Halsausschnitt wählst du die obere Linie für Kapuzen und Krägen.

ZUSCHNITT

GELBER SWEAT

- 1 x Vorderteil (SB 1) oben
- 1 x Rückteil (SB 2) oben
- 1 x rechter Ärmel (SB 1) oben
- 1 x linker Ärmel (SB 1) oben
- 4 x Kapuze (SB 1) (je 2 x gegengleich)

GRAUER SWEAT

- 1 x Vorderteil (SB 1) Mitte
- 1 x Rückteil (SB 2) Mitte
- 1 x rechter Ärmel (SB 1) Mitte
- 1 x linker Ärmel (SB 1) Mitte

PETROLFARBENER SWEAT

- 1 x Vorderteil (SB 1) unten
- 1 x Rückteil (SB 2) unten
- 1 x rechter Ärmel (SB 1) unten
- 1 x linker Ärmel (SB 1) unten

BÜNDCHENSTOFF

- 2 x Saumbündchen (SB 2) im Bruch
- 2 x Armbündchen (SB 1)

Der Schnitt enthält bis auf die Bündchen keine Nahtzugaben, bitte überall 1 cm Nahtzugabe dazugeben.

SO GEHT'S

1

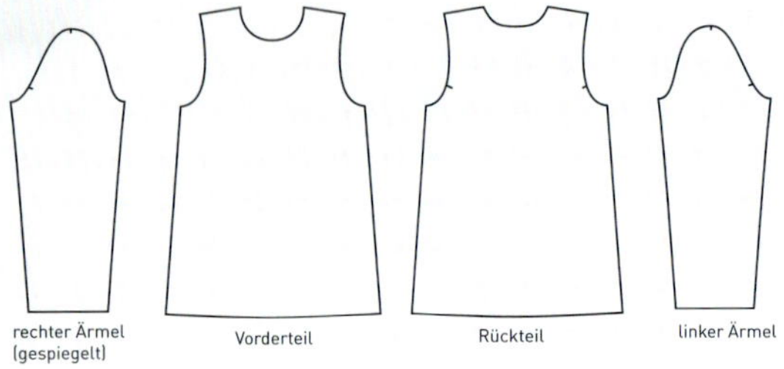

3

2

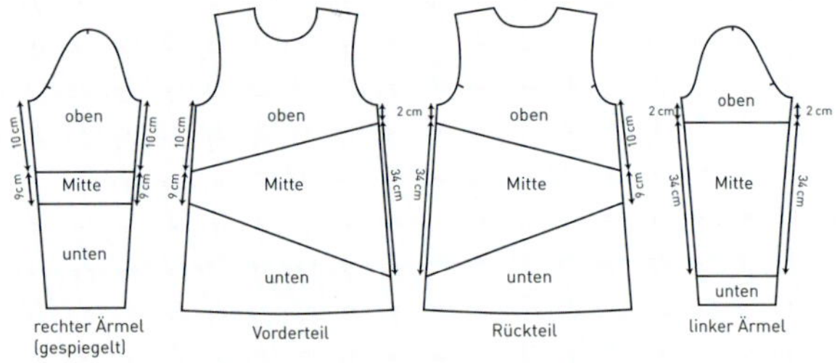

4

1. Für diese diagonalen Teilungsnähte musst du dir das Vorder- und das Rückteil an der Bruchlinie gespiegelt abpausen sowie 2x den Ärmel, wobei dieser auch einmal spiegelverkehrt zum anderen liegt. Jetzt kannst du am Vorderteil beginnen, dir die Teilungsnähte einzuzeichnen. Dazu kannst du meine Maße nehmen, oder du nimmst eigene. Es ist wichtig, dass das Rückteil und die Ärmel die Teilungsnähte auf der gleichen Höhe haben wie das Vorderteil, damit die Nähte später aufeinandertreffen.

2. Bevor du die Schnittteile auseinanderschneidest, beschrifte jedes einzelne Teil wie auf der Zeichnung zu sehen und übertrage dir den Fadenlauf auf alle Teile. Beim Zuschneiden musst du unbedingt darauf achten, dass du deine Schnittteile IMMER mit der Beschriftung nach oben auf die RECHTE Stoffseite steckst und zuschneidest, sonst passen die Teile später nicht zusammen. An den Teilungsnähten gibst du deine übliche Nahtzugabe dazu.

3. Als Erstes müssen die einzelnen Teile an den Teilungsnähten wieder zusammengenäht werden. Du startest am Vorderteil mit dem unteren Teil und dem Mittelteil, die rechts auf rechts entlang der Teilungsnaht aufeinander gesteckt und mit 1 cm Nahtzugabe zusammengenäht werden. Die Nahtzugabe in Richtung des Saums bügeln. Danach nähst du auch das obere Vorderteil an der Teilungsnaht an das Unterteil und bügelst die Nahtzugabe ebenfalls in Richtung des Saums. Nach dem gleichen Prinzip verfährst du mit dem Rückteil und den Ärmeln.

5

7

6

8

4. Wenn alle Einzelteile zusammengesetzt sind, kannst du Vorder- und Rückteil an den Schulternähten rechts auf rechts mit 1 cm Nahtzugabe zusammennähen. Die Nahtzugabe in Richtung des Rückteils bügeln.

5. Jetzt steckst du die Ärmel in die Armausschnitte. Der Knips oben am Ärmel trifft auf die Schulternaht, der Knips hinten am Ärmel trifft auf den Knips im Rückteil. Mit 1 cm Nahtzugabe rechts auf rechts einnähen.

6. Als Nächstes wird der Pullover rechts auf rechts, also mit der linken Seite nach außen aufeinandergefaltet. Stecke die Seitennähte und Ärmelnähte zusammen und nähe sie jeweils mit 1 cm Nahtzugabe zusammen. Die Nahtzugabe zum Rückteil hin bügeln und den Pulli auf rechts wenden.

7. Die Kapuze wird nach der Anleitung auf Seite 37 genäht und anschließend rechts auf rechts an den Halsausschnitt gesteckt, am Vorderteil liegen die Kanten bündig aneinander. Mit 1 cm Nahtzugabe einnähen. Anschließend kannst du die Kordel einziehen.

8. Zum Schluss fehlen nur noch die Bündchen am Saum und den Ärmelsäumen, diese werden wie auf Seite 33 beschrieben gefertigt und angenäht.

SOPHIA

Dieses kuschelige Sweatkleid ist der perfekte Begleiter auf dem Weihnachtsmarkt oder der Schlittschuhbahn. Der süße Schalkragen hält den Hals warm und die Taschen im Rock bieten Platz für kalte Hände.

MATERIAL

Als Material eignen sich wärmere Stoff wie Sweat.

- 120 cm Blumensweat (140 cm breit)
- 50 cm bordeauxfarbener Sweat (140 cm breit)
- 30 cm Bündchenstoff
- 2 Ösen mit 12 mm Durchmesser
- 3 m Kordel
- Etwas Vlieseline oder Lederreste zum Verstärken der Ösen

SCHNITTANPASSUNG

Für Sophia wählst du den einfachen Grundschnitt, an Armen und Saum an der Bündchenlinie gekürzt. Am Halsausschnitt wählst du die obere Linie für Kapuze und Kragen. Zusätzlich benötigst du die Rockteile mit Taschenbeutel, Taschenbündchen und Taillenbündchen sowie den Schalkragen.

ZUSCHNITT

BLUMENSWEAT

- 1 x Vorderteil (SB 1) im Bruch
- 1 x Rückteil (SB 2) im Bruch
- 2 x Ärmel (SB 1) gegengleich
- 1 x Schalkragen (SB 1) im Bruch

BORDEAUXFARBENER SWEAT

- 1 x vorderer Rockteil (SB 2) im Bruch
- 1 x hinterer Rockteil (SB 2) im Bruch
- 2 x Taschenbeutel Rock (SB 2)
- 1 x Schalkragen (SB 1) im Bruch

BÜNDCHENSTOFF

- 2 x Armbündchen (SB 1)
- 1 x Taillenbündchen 6 cm hoch, 94-98-102-106-110-114-118 cm lang (evtl. gestückelt bei schmalen Bündchenstoffen)
- 2 x Taschenbündchen Rock (SB 2)

Der Schnitt enthält bis auf die Bündchen keine Nahtzugaben, bitte überall 1 cm Nahtzugabe dazugeben.

SO GEHT'S

1

2

3

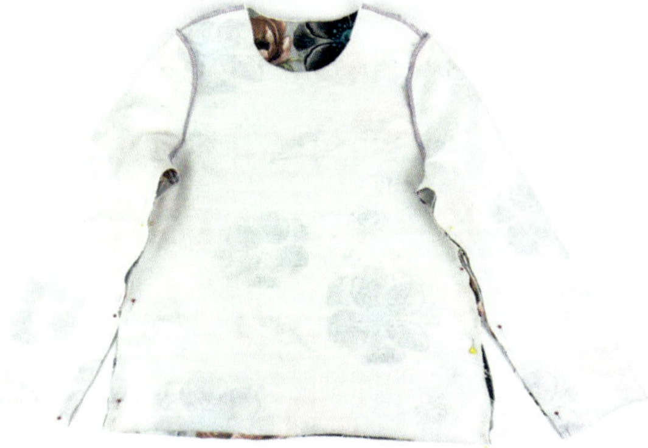

4

1. Nähe als Erstes Vorder- und Rückteil an den Schulternähten rechts auf rechts mit 1 cm Nahtzugabe zusammen und bügle die Nahtzugabe in Richtung des Rückteils.

2. Jetzt steckst du die Ärmel in die Armausschnitte. Der Knips oben am Ärmel trifft auf die Schulternaht, der Knips hinten im Ärmel trifft auf den Knips im Rückteil. Mit 1 cm Nahtzugabe rechts auf rechts einnähen.

3. Als Nächstes faltest du den Pullover rechts auf rechts aufeinander. Stecke die Seitennähte und Ärmelnähte zusammen und nähe sie jeweils mit 1 cm Nahtzugabe zusammen. Die Nahtzugabe in Richtung des Rückteils bügeln und den Pulli auf rechts wenden.

4. Nun kommen wir zum Kragen: Zuerst müssen im Kragen aus Außenstoff (hier mit Blumen) an der markierten Position die Ösen angebracht werden (siehe Grundlagenteil Seite 46). Nun kannst du die beiden Kragen an der oberen Kante rechts auf rechts zusammenstecken und mit 1 cm Nahtzugabe zusammennähen. Den Kragen auf rechts wenden und die Kanten schön bügeln.

5

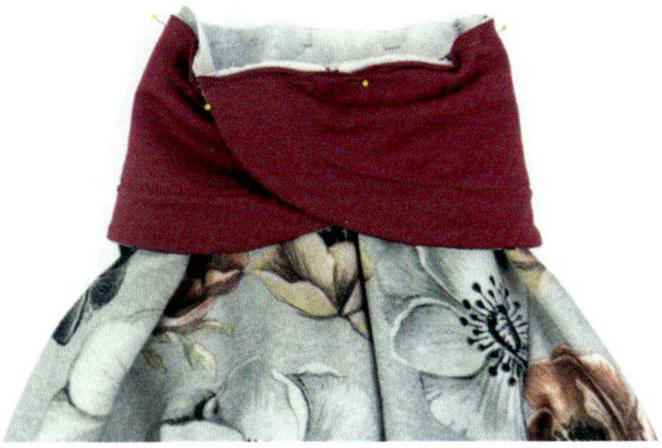

7

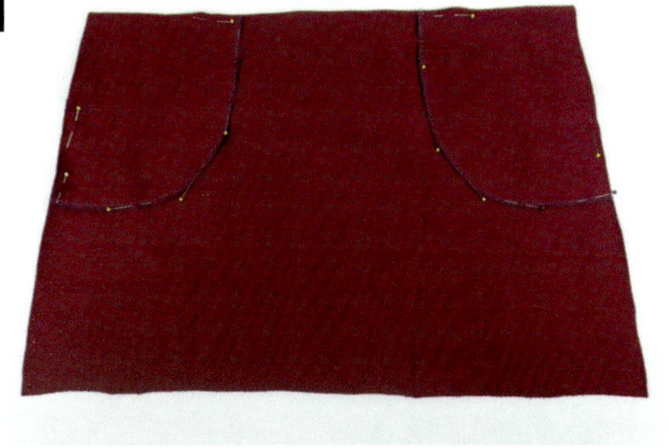

6

8

5. Den Kragen an der oberen Rundung mit 3 cm Kantenabstand absteppen, sodass ein Tunnelzug entsteht. Dann die beiden Kragenenden so übereinander legen, dass die Knipse aufeinander treffen. Knappkantig zusammennähen. Anschließend den Kragen rechts auf rechts an den Halsausschnitt nähen, die Knipse liegen aufeinander an der vorderen Mitte des Vorderteils. Den Kragen nach oben klappen und die Nahtzugabe nach unten in den Pulli bügeln, evtl. absteppen.

6. Weiter geht es mit dem Rockteil. Du startest mit den Taschen: Bügle das Taschenbündchen zuerst der Länge nach in den Bruch (die linke Stoffseite liegt innen). Dann nähst du das Bündchen gedehnt rechts auf rechts an den Tascheneingriff, die offenen Kanten liegen aufeinander. Das Bündchen anschließend nach oben klappen und bügeln, ggf. absteppen. Mit dem zweiten Taschenbündchen genauso verfahren.

7. Die Taschenbeutel anschließend entlang der Rundung versäubern und hinter die Tasche legen, sodass die Außenkanten aufeinander liegen. Rundum aufnähen, dabei die Bündchenkanten des Eingriffs besonders sorgfältig festnähen.

8. Jetzt steckst du das vordere und das hintere Rockteil rechts auf rechts an den Seitennähten zusammen und nähst sie mit 1 cm Nahtzugabe zusammen. Anschließend die Nahtzugabe zum Rückteil bügeln.

9

11

10

12

9. Das Taillenbündchen wird an den kurzen Seiten jeweils zweimal knappkantig nach links umgeschlagen und abgesteppt, dann die langen Kanten aufeinander klappen und in den Bruch bügeln (rechte Stoffseite liegt außen).

10. Das Taillenbündchen rundum an den Rock stecken, vorne in der Mitte treffen die beiden Enden mit etwa 6 cm Abstand aufeinander. Knappkantig annähen.

11. Jetzt kannst du das Rockteil rechts auf rechts an das Oberteil stecken und mit 1 cm Nahtzugabe annähen, das Taillenbündchen liegt dabei zwischen Oberteil und Rock.

12. Zum Schluss fehlen nur noch die Ärmelbündchen, die laut Anleitung auf Seite 33 gefertigt werden, sowie der Saum, der als Umschlagsaum wie auf Seite 37 beschrieben gefertigt wird. Durch den Kragen und das Taillenbündchen Kordeln einziehen.

ANTONIA

ANTONIA

Wer es gerne kuschelig mag, aber trotzdem einen schicken Begleiter fürs Büro benötigt, der braucht unbedingt Antonia im Schrank. Der lange, weite Cardigan mit Gürtel zum Taillieren wird sicher auch dein Lieblingsstück!

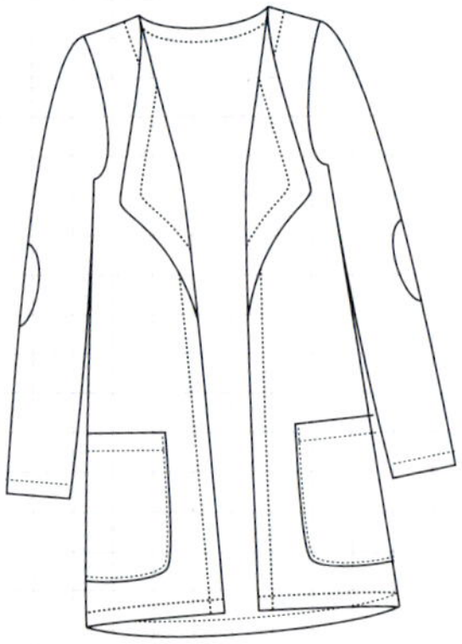

MATERIAL

Als Material eignen sich warme, fließende Stoffe mit schöner Rückseite wie Jacquardsweat.

- 2 m Jacquardsweat (140 cm breit)
- ca. 30 cm 2 cm breites Formband/Kantenband

SCHNITTANPASSUNG

Für Antonia wählst du den einfachen Grundschnitt, Ärmel und Saum wählst du in der ganzen Länge und am Halsausschnitt nimmst du die Kragenlinie.

ZUSCHNITT

JACQUARDSWEAT

- 2 x Vorderteil (SB 1) gegengleich
- 1 x Rückteil (SB 2) im Bruch
- 2 x Ärmel (SB 1) gegengleich
- 2 x vorderer Beleg gegengleich (siehe Seite 59)
- 1 x hinterer Saumbeleg im Bruch (siehe Seite 59)
- 1 x hinterer Halsausschnittbeleg im Bruch (siehe Seite 59)
- 2 x aufgesetzte Taschen (SB 1) groß
- 2 x Armflicken (SB 1)
- 1 x Gürtel 10 cm breit, 200 cm lang
- 2 x Gürtelschlaufen 2 cm breit, 8 cm lang

Der Schnitt enthält bis auf die Armflicken keine Nahtzugaben, bitte überall 1 cm Nahtzugabe dazugeben, am Ärmelsaum 2 cm Nahtzugabe hinzugeben.

SO GEHT'S

1

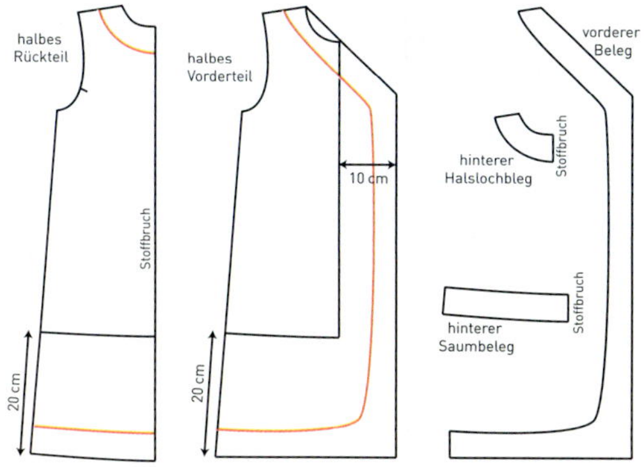

3

2

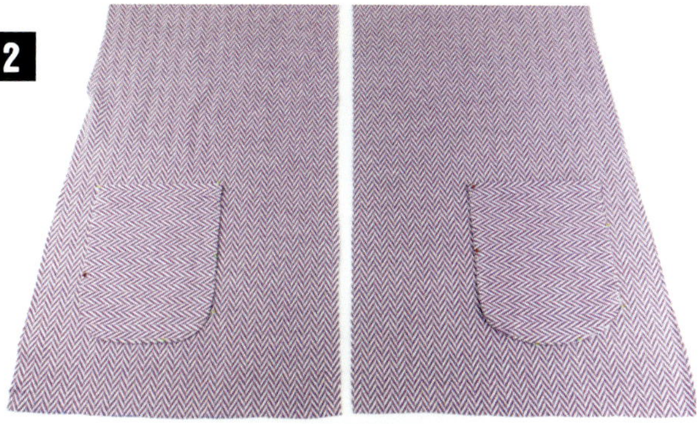

4

1. Um das Schnittmuster korrekt vorzubereiten, verlängerst du Vorder- und Rückteil am Saum um 20 cm, die vordere Kante (am Stoffbruch) wird außerdem 10 cm weiter ausgestellt und dann schräg zum Schulter-/Halsausschnittpunkt abgewinkelt. Für den Saum, den Halsausschnitt und die vordere Kante benötigst du zusätzlich 5 cm breite Belege (siehe Seite 29).

2. Wir beginnen damit, die aufgesetzten Taschen vorzubereiten und auf die Vorderteile zu nähen. Die beiden Taschen sollten jeweils ca. einen Abstand von 7 cm zum Saum und 4 cm zur Seitennaht haben (jeweils zur Stoffkante).

3. Anschließend bereitest du die Gürtelschlaufen vor, indem du sie wie ein Schrägband bügelst. Das heißt: zuerst die langen Kanten aufeinander bügeln (rechte Stoffseite liegt außen), dann wieder aufklappen und nochmals die beiden langen Kanten zum gerade gebügelten Bruch hin bügeln, sodass die offenen Kanten innen liegen, wenn du das Teil wieder zuklappst. An der offenen Seite die Gürtelschlaufe von außen zusammennähen.

4. Die Gürtelschlaufe nähst du anschließend mit den offenen Enden 2 cm oberhalb und unterhalb des Taillenknipses am Rückteil fest.

5

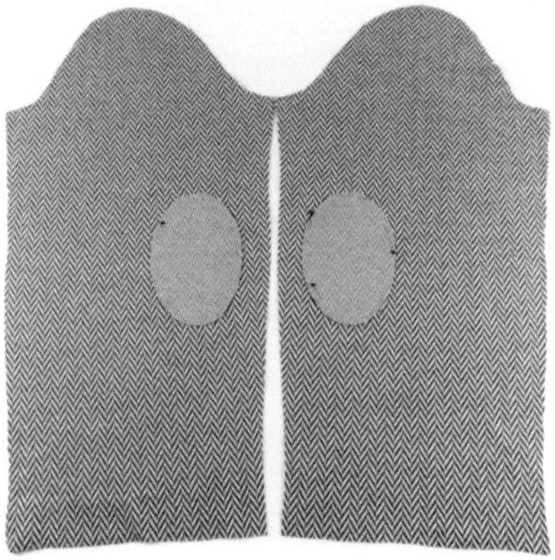

7

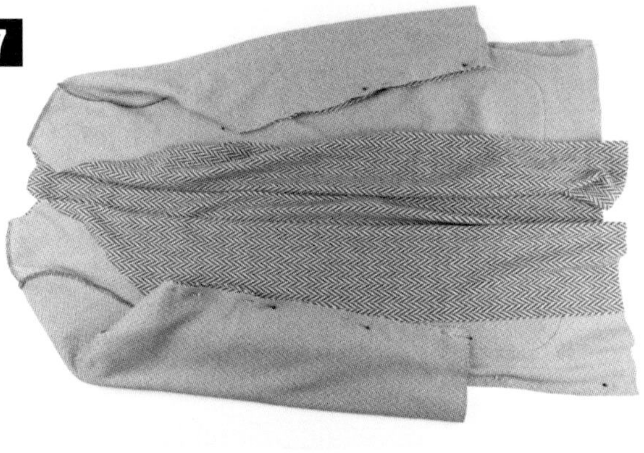

6

8

5. Nun kannst du die Armflicken laut Position und Anleitung auf Seite 43 auf die Ärmel nähen. Bei einem Double-Face-Stoff sieht es schön aus, wenn du die Rückseite dieses Mal nach oben nimmst.

6. Damit der Cardigan am Halsausschnitt nicht ausleiert und von den Schultern rutscht, beklebst du den Halsausschnitt am Rückteil noch mit dem Formband. Damit es sich schön um die Rundung legt, kannst du es mehrmals einschneiden.

7. Der Cardigan wird nun wie in der Grundanleitung auf Seite 32 zusammengesetzt. Dazu schließt du die Seitennähte, nähst die Ärmel ein und nähst die Seiten- und Ärmelnähte jeweils in einem Zug zusammen.

8. Der Cardigan ist jetzt schon fast fertig, nur die Kanten sind noch nicht so schön. Deshalb nähst du als Erstes die Belege rechts auf rechts aneinander. An dieser Stelle verdreht man gerne mal etwas, deshalb gehst du Schritt für Schritt vor. Zuerst kommen die beiden vorderen Belege an den hinteren Halsausschnittbeleg, sodass die Spitzen der vorderen Belege zueinander zeigen. Anschließend kommt der hintere Saumbeleg an die anderen Enden der vorderen Belege, sodass der Beleg in sich geschlossen ist (aufpassen, dass sich nichts verdreht hat). Ist das gemacht, kannst du die innere Seite des Beleges versäubern.

9

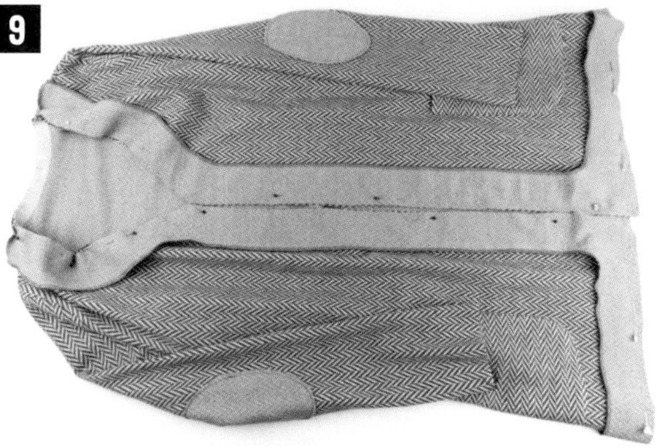

11

10

12

9. Jetzt kannst du den Beleg rundum rechts auf rechts auf den Cardigan stecken. Achte dabei unbedingt darauf, dass die Seitennähte und die Schulternähte aufeinander liegen. Mit 1 cm Nahtzugabe zusammennähen.

10. Anschließend schneidest du die Nahtzugabe an der Halsausschnittrundung etwas ein und wendest den Beleg nach innen. Die Kanten schön bügeln und den Beleg innen entlang der Versäuberungsnaht am Cardigan feststecken und absteppen.

11. Nun versäuberst du die Ärmelsäume, bügelst sie 2 cm nach links um und steppst die anschließend ab.

12. Zum Schluss fehlt nur noch der Gürtel. Dazu legst du den Stoffstreifen mit den langen Kanten rechts auf rechts aufeinander und nähst ihn der Länge nach zusammen, in der Mitte lässt du eine Wendeöffnung. Am Anfang und am Ende kannst du die Naht spitz zum Bruch hin auslaufen lassen. Den Gürtel wenden, die Kanten bügeln und die Wendeöffnung von Hand zusammennähen.

FEE

Ob Hippie, Mittelalterfan oder Trendsetter, eine Schnürung am Ausschnitt macht jedes Shirt besonders, und das Tolle daran: Es ist gar nicht schwer zu nähen!

MATERIAL

Als Material eignen sich Baumwolljerseys.

- 140 cm Jersey (140 cm breit)
- Ca. 1,5 m Satinband
- 6 Ösen mit 8 mm Durchmesser
- 30 cm Bügeleinlage (z. B. H180)

SCHNITTANPASSUNG

Für Fee wählst du den einfachen Grundschnitt mit ausgestellten Ärmeln, an Armen und Saum ungekürzt. Am Halsausschnitt wählst du die untere Linie für Bündchenabschlüsse.

ZUSCHNITT

JERSEY

- 1 x Vorderteil (SB 1) im Bruch
- 1 x Rückteil (SB 2) im Bruch
- 2 x ausgestellter Ärmel (SB 2) gegengleich
- 1 x vorderer Halsausschnittbeleg im Bruch (siehe Seite 64)
- 1 x hinterer Halsausschnittbeleg im Bruch (siehe Seite 64)

BÜGELEINLAGE

- 1 x vorderer Halsausschnittbeleg im Bruch (siehe Seite 64)
- 1 x hinterer Halsausschnittbeleg im Bruch (siehe Seite 64)

Der Schnitt enthält keine Nahtzugaben, bitte an alle Teile 1 cm Nahtzugabe dazugeben, an Saum und Armsäumen 2 cm Saumzugabe dazugeben.

SO GEHT'S

1

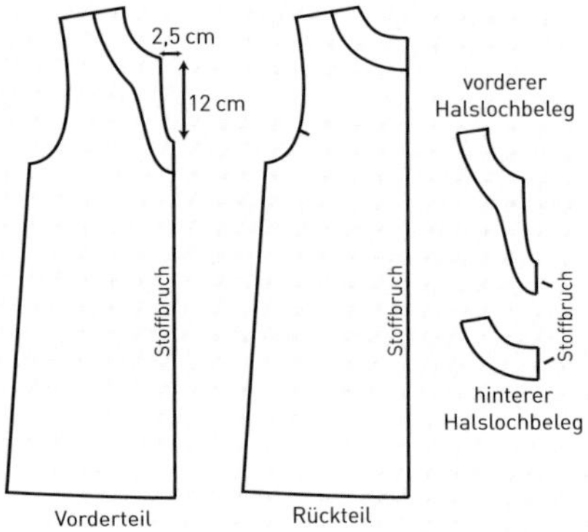

3

2

4

1. Zeichne dir für den geschnürten Ausschnitt an der vorderen Mitte eine 12 cm tiefe und 2,5 cm breite Kurve, die anschließend ausgeschnitten wird. Um diesen Ausschnitt nimmst du dann anschließend 4 cm breite Belege für vorne und hinten ab (siehe Seite 29).

2. Wir starten mit den Belegen. Diese beklebst du zuerst auf der linken Stoffseite mit der Bügeleinlage. Dieser Schritt ist wichtig, damit die Ösen später nicht ausreißen. Wenn die Belege beklebt sind, können sie an den Schulternähten rechts auf rechts zusammengenäht werden. Die Nahtzugabe bügelst du zum Rückteil hin und versäuberst die äußere Kante des Beleges rundum.

3. Nun nähst du Vorder- und Rückteil an den Schulternähten rechts auf rechts mit 1 cm Nahtzugabe zusammen. Die Nahtzugabe zum Rückteil hin bügeln.

4. Anschließend steckst du die Ärmel in die Armausschnitte. Der Knips oben am Ärmel trifft auf die Schulternaht, der Knips hinten im Ärmel trifft auf den Knips im Rückteil. Mit 1 cm Nahtzugabe rechts auf rechts einnähen.

5

7

6

8

5. Als Nächstes faltest du den Pullover rechts auf rechts aufeinander. Die Seitennähte und Ärmelnähte steckst du jeweils rechts auf rechts zusammen und nähst sie mit 1 cm Nahtzugabe zusammen. Die Nahtzugabe zum Rückteil hin bügeln und das Shirt auf rechts wenden.

6. Anschließend kannst du Saum und Armsäume versäubern, 2 cm nach links umbügeln und mit elastischem Stich absteppen.

7. Jetzt fehlt nur noch der Ausschnitt. Dazu steckst du den Beleg rechts auf rechts an den Ausschnitt des Pullis, die Schulternähte liegen dabei aufeinander. Mit 1 cm Nahtzugabe rundum annähen und in den Rundungen die Nahtzugabe einschneiden.

8. Dann kannst du den Beleg nach innen wenden und die Kanten schön bügeln. Anschließend den Beleg innen entlang der Versäuberungsnaht am Pulli feststecken und absteppen. Zum Schluss bringst du die Ösen in regelmäßigen Abständen an und ziehst das Satinband ein.

CLARA

Diese coole Collegejacke darf in keinem Kleiderschrank fehlen, denn sie lässt sich wunderbar kombinieren und funktioniert auch super als Jackenersatz an kalten Sommerabenden.

MATERIAL

Als Material eignen sich wärmere Stoffe wie Sweat und Fleece sowie Alpenfleece.

- 140 cm Alpenfleece (140 cm breit)
- 50 cm Bündchenstoff (mind. 70 cm breit, besser 140 cm breit)
- 5 Jerseydruckknöpfe

SCHNITTANPASSUNG

Für Clara wählst du den einfachen Grundschnitt, an Armen und Saum an der Bündchenlinie gekürzt. Am Halsausschnitt wählst du ebenfalls die untere Linie für Bündchenabschlüsse. Der Ausschnitt am Vorderteil wird verändert, indem man vom Schulter-/Halsausschnittpunkt aus eine leichte Kurve zeichnet, die kurz unterhalb der Achsel in die vordere Mitte einläuft. Hier das Schnittmuster durchschneiden.

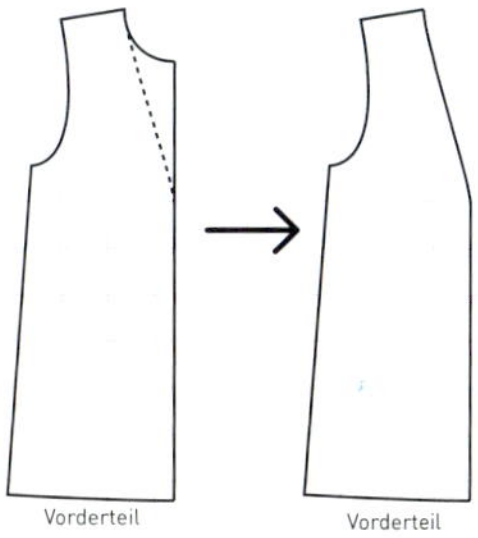

ZUSCHNITT

ALPENFLEECE

- 2 x Vorderteil (SB 1) gegengleich
- 1 x Rückteil (SB 2) im Bruch
- 2 x Ärmel (SB 1) gegengleich
- 2 x aufgesetzte Tasche (SB 1) mittel

BÜNDCHENSTOFF

- 2 x Saumbündchen (SB 2) einzeln
- 1 x Saumbündchen (SB 2) im Bruch
- 2 x Armbündchen (SB 1)
- 1 x Kragenbündchen: 6 cm hoch, 140 cm lang (ggf. gestückelt)

Der Schnitt enthält bis auf die Bündchen keine Nahtzugaben, bitte überall 1 cm Nahtzugabe dazugeben.

SO GEHT'S

1

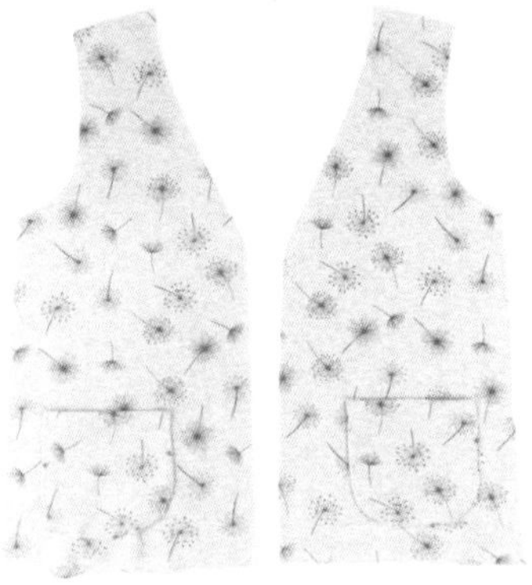

3

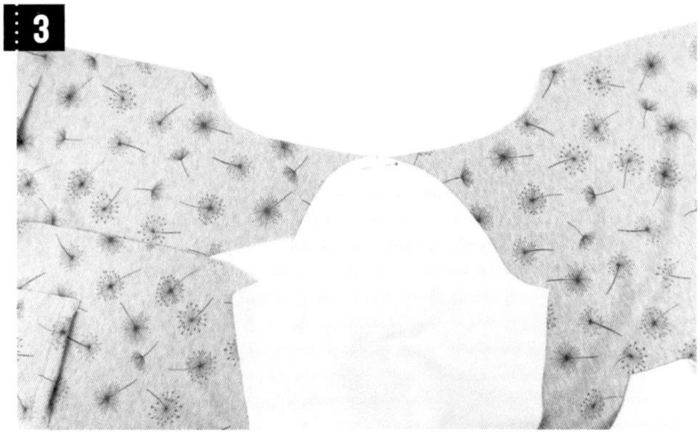

2

4

1. Wir starten damit, die aufgesetzten Taschen vorzubereiten und auf die Vorderteile zu nähen. Die Taschen sollten jeweils ca. einen Abstand von 3 cm zum Saum und 3 cm zur Seitennaht haben (jeweils zur Stoffkante).

2. Als Nächstes nähst du Vorder- und Rückteil an den Schulternähten rechts auf rechts mit 1 cm Nahtzugabe zusammen. Die Nahtzugabe anschließend zum Rückteil hin bügeln.

3. Jetzt steckst du die Ärmel in die Armausschnitte. Der Knips oben am Ärmel trifft auf die Schulternaht, der Knips hinten im Ärmel trifft auf den Knips im Rückteil. Mit 1 cm Nahtzugabe rechts auf rechts einnähen.

4. Dann kannst du die Collegejacke rechts auf rechts aufeinander falten, die Seitennähte und Ärmelnähte zusammenstecken und mit 1 cm Nahtzugabe zusammennähen. Die Nahtzugaben in Richtung des Rückteils bügeln und die Jacke auf rechts wenden.

5

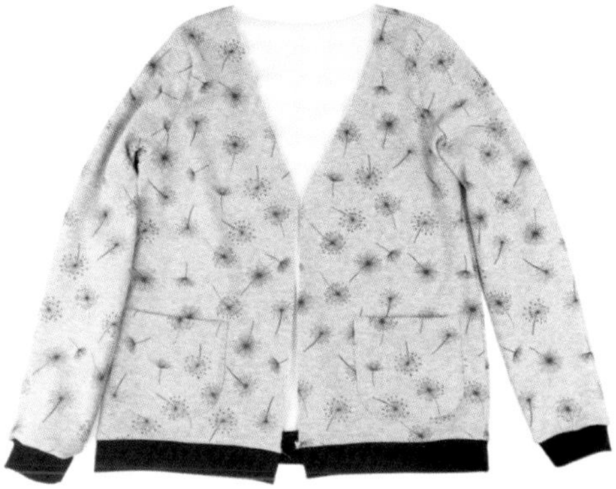

6

7

8

5. Die Bündchen am Saum und den Ärmelsäumen werden wie auf Seite 33 beschrieben angenäht. Die Besonderheit ist hier aber, dass der Saum vorne ja geteilt ist. Daher schließt du das Saumbündchen nicht zum Ring, sondern nähst die beiden kurzen Saumbündchen jeweils an eine Seite des langen Saumbündchens. Dann faltest du das Bündchen rechts auf rechts, schließt die Enden und verstürzt das Bündchen, bevor du es annähst. Die kurzen Abschnitte enden vorne bündig mit der vorderen Kante.

6. Auch das Kragenbündchen muss zuerst an den kurzen Enden abgenäht werden. Dazu klappst du an den Enden die Ecken des Bündchens rechts auf rechts aufeinander und nähst die kurze Kante knappkantig zusammen. Anschließend wendest du die beiden Ecken und bügelst den Rest des Bündchens der Länge nach in den Bruch.

7. Nun kannst du das Kragenbündchen mit der offenen Seite rundum rechts auf rechts an die vordere Kante und den Ausschnitt der Jacke stecken. Dazu beginnst du an beiden Seiten unten am Saum. An der geraden Strecke wird das Bündchen jeweils ungedehnt aufgesteckt, erst oben am Halsausschnitt wird es gedehnt. Mit 1 cm Nahtzugabe annähen und das Bündchen umklappen und bügeln. Damit die Nahtzugabe sich nicht immer umklappt, kann man sie auch von außen feststeppen.

8. Zum Schluss fehlen nur noch die Jerseydruckknöpfe, diese werden mit regelmäßigen Abständen am Kragenbündchen befestigt. Der unterste ist am Saum in Höhe des Saumbündchens, der oberste dort, wo der Ausschnitt beginnt.

MARIE

Die romantisch verspielte Marie sieht auf den ersten Blick ganz schlicht aus, aber der schöne Ausschnitt mit Schleife am Rücken macht aus dem Shirt etwas ganz Besonderes.

MATERIAL

Als Material eignen sich Baumwolljerseys.

- 130 cm Jersey (140 cm breit)
- 10 cm Bündchenstoff
- 1,5 m Jerseyschrägband

SCHNITTANPASSUNG

Für Marie wählst du den einfachen Grundschnitt mit ausgestellten Ärmeln, am Saum ungekürzt und an den Ärmeln an der Bündchenlinie gekürzt. Am Halsausschnitt wählst du die untere Linie für Bündchenabschlüsse.
Im Rückteil zeichnest du dir außerdem an der hinteren Mitte einen ca. 12 cm tiefen und 2,5 cm breiten Schlitz ein. Am Schlitz wird das Teil ohne Nahtzugabe zugeschnitten.

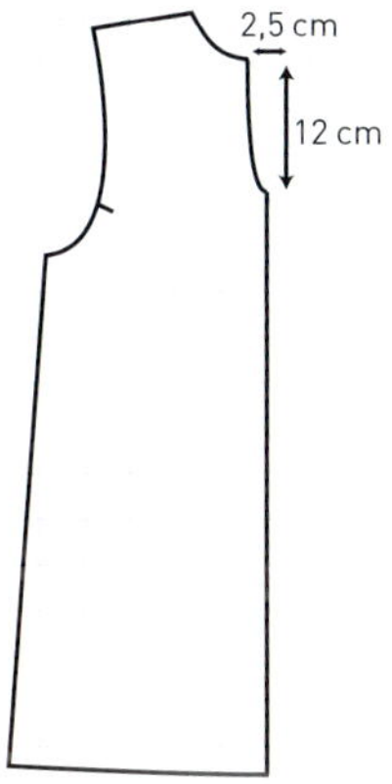

Rückteil

ZUSCHNITT

JERSEY

- 1 x Vorderteil (SB 1) im Bruch
- 1 x Rückteil (SB 2) im Bruch
- 2 x ausgestellter Ärmel (SB 2) gegengleich

BÜNDCHENSTOFF

- 2 x Armbündchen (SB 1)

Der Schnitt enthält bis auf die Bündchen keine Nahtzugaben, bitte überall 1 cm Nahtzugabe dazugeben und 2 cm Saumzugabe an den Saum.

SO GEHT'S

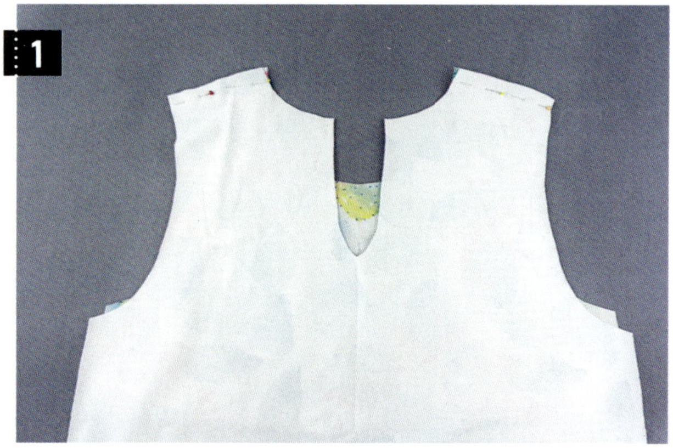

1. Wir beginnen bei Marie direkt mit den Schultern. Du nähst Vorder- und Rückteil an den Schultern rechts auf rechts mit 1 cm Nahtzugabe zusammen und bügelst die Nahtzugabe anschließend in Richtung des Rückteils.

2. Jetzt steckst du die Ärmel in die Armausschnitte. Der Knips oben am Ärmel trifft auf die Schulternaht, der Knips hinten im Ärmel trifft auf den Knips im Rückteil. Nähe die Ärmel mit 1 cm Nahtzugabe rechts auf rechts ein.

3. Als Nächstes faltest du den Pullover rechts auf rechts zusammen. Stecke die Seitennähte und Ärmelnähte zusammen und nähe sie mit 1 cm Nahtzugabe mit einer elastischen Naht zusammen. Die Nahtzugabe zum Rückteil bügeln und den Pulli auf rechts wenden.

4. Bevor du das Bündchen an den Ärmelsaum nähen kannst, muss der Ärmelsaum gerafft werden. Dazu nähst du mit möglichst großem Stich eine unverriegelte Naht 5 mm neben der Saumkante. Die Fadenenden lässt du etwas überstehen. Durch Ziehen an einem der Fäden rafft sich der Stoff. So weit raffen, dass der Ärmel die Weite des Bündchens hat, und die Kräusel gleichmäßig verteilen.

5. Anschließend kannst du bei beiden Ärmeln das Bündchen an den Ärmelsaum nähen (siehe Seite 33).

6. Den Saum versäubern, 2 cm nach links umbügeln und mit elastischem Stich absteppen.

7. Jetzt fasst du den Schlitz mit Jerseyschrägband ein. Wie das Jerseyschrägband genau angenäht wird, erfährst du auf Seite 34. Um beim Schlitz um die Kurve zu kommen, ziehst du dir den Stoff einfach gerade. Damit der Schlitz unten nicht beult, kannst du in der Schlitzspitze einen kleinen Abnäher auf der linken Stoffseite nähen.

8. Nun noch den Halsausschnitt einfassen. Dabei lässt du am Anfang und am Ende jeweils ca. 40 cm Schrägband überstehen, das im zweiten Nähschritt auch abgesteppt wird und zum Schluss zur Schleife gebunden werden kann.

JANE

Jane überzeugt mit Understatement. Auf den ersten Blick wirkt das gestreifte Shirt sehr schlicht, aber mit den ausgestellten, gerafften Ärmeln und dem Rollkragen versprüht es viel französischen Charme.

MATERIAL

Als Material eignen sich besonders schön Rippjerseys.
160 cm gestreifter Rippjersey (140 cm breit)

SCHNITTANPASSUNG

Für Jane wählst du den einfachen Grundschnitt mit ausgestellten Ärmeln, an den Ärmeln an der Bündchenlinie gekürzt und am Saum ungekürzt. Am Halsausschnitt wählst du die obere Linie für Kragen und Kapuze.

ZUSCHNITT

GESTREIFTER RIPPJERSEY

- 1 x Vorderteil (SB 1) im Bruch
- 1 x Rückteil (SB 2) im Bruch
- 2 x ausgestellter Ärmel (SB 2) gegengleich
- 1 x Stehkragen (SB 2) im Bruch
- 2 x Armbündchen (SB 1)

Der Schnitt enthält bis auf die Bündchen keine Nahtzugaben, bitte an alle Teile 1 cm Nahtzugabe dazugeben, am Saum 2 cm Saumzugabe dazugeben.

SO GEHT'S

1

2

3

4

1. Wir beginnen bei Jane direkt mit den Schultern. Stecke und nähe Vorder- und Rückteil an den Schultern rechts auf rechts mit 1 cm Nahtzugabe zusammen und bügle die Nahtzugabe anschließend in Richtung des Rückteils.

2. Jetzt steckst du die Ärmel in die Armausschnitte. Der Knips oben am Ärmel trifft auf die Schulternaht, der Knips hinten im Ärmel trifft auf den Knips im Rückteil. Mit 1 cm Nahtzugabe rechts auf rechts einnähen.

3. Als Nächstes faltest du den Pullover rechts auf rechts zusammen. Stecke die Seitennähte und Ärmelnähte zusammen und nähe sie mit 1 cm Nahtzugabe zusammen. Die Nahtzugabe zum Rückteil bügeln und den Pulli auf rechts wenden.

4. Stecke den Rollkragen an den kurzen Seiten rechts auf rechts aufeinander und schließe ihn zu einem Ring. Dann den Kragen halb umstülpen, sodass die offenen Kanten aufeinander liegen und die linke Stoffseite innen ist.

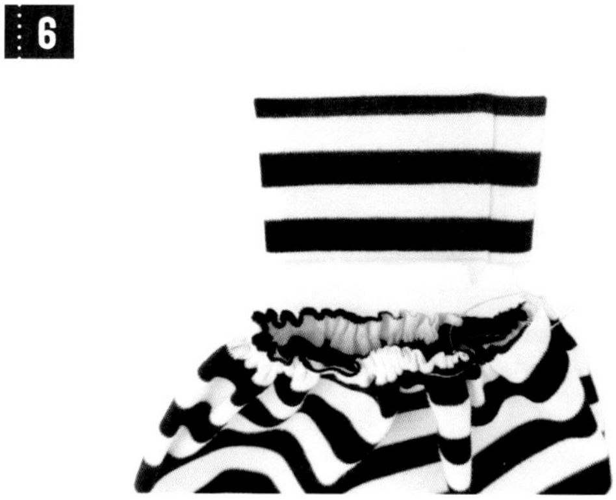

5. Den Kragen mit den offenen Kanten rund um den Halsausschnitt feststecken. Die Naht liegt hinten im Nacken. Mit 1 cm Nahtzugabe festnähen.

6. Bevor du das Bündchen an den Ärmelsaum nähen kannst, muss dieser gerafft werden. Dazu nähst du mit möglichst großem Stich eine unverriegelte Naht 5 mm neben der Saumkante. Die Fadenenden lässt du etwas überstehen. Durch Ziehen an einem der Fäden rafft sich der Stoff. So weit raffen, dass der Ärmel die Weite des Bündchens hat, und die Kräusel gleichmäßig verteilen.

7. Zum Schluss kann das Bündchen an den Ärmelsaum genäht werden (siehe Seite 33). Am zweiten Ärmel gehst du genauso vor.

8. Den Pulloversaum versäubern, 2 cm nach links umbügeln und mit elastischem Stich absteppen. Fertig!

AMELIE

Als luftiger Pulli an warmen Tagen ist Amelie aus weicher Viskose mit weiten Ärmeln und Rüschen einfach perfekt geeignet.

MATERIAL

Als Material eignen sich weich fallende Stoffe wie Viskosejersey und -sweat oder Baumwolljersey.

- 130 cm Viskosejersey (140 cm breit)
- 20 cm gelber Jersey für Rüschen (140 cm breit)

SCHNITTANPASSUNG

Für Amelie wählst du den einfachen Grundschnitt mit ausgestellten Ärmeln, an Armen und Saum ungekürzt. Am Halsausschnitt wählst du die untere Linie für Bündchenabschlüsse.

ZUSCHNITT

VISKOSEJERSEY

- 1 x Vorderteil (SB 1) im Bruch
- 1 x Rückteil (SB 2) im Bruch
- 2 x ausgestellter Ärmel (SB 2) gegengleich

GELBER JERSEY

- 2 x Jerseystreifen 5 cm hoch und 120 cm lang
- 1 x Jerseystreifen 4 cm hoch und 100 cm lang

Der Schnitt enthält bis auf die Maße für die Jerseystreifen keine Nahtzugaben, bitte überall 1 cm Nahtzugabe, an den Ärmelsäumen 2 cm Saumzugabe dazugeben.

SO GEHT'S

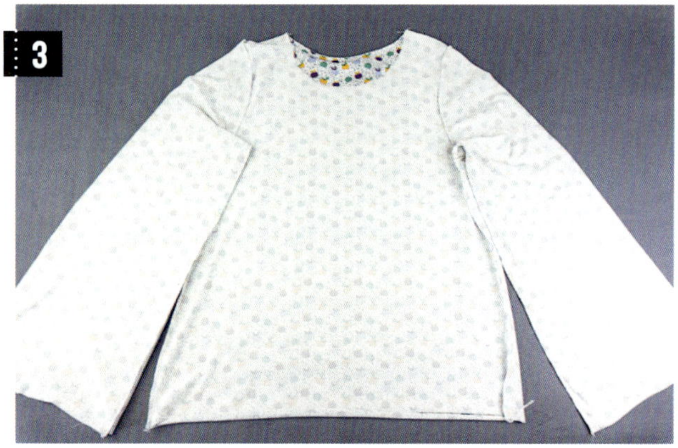

1. Als Erstes nähst du Vorder- und Rückteil an den Schulternähten rechts auf rechts mit 1 cm Nahtzugabe zusammen. Anschließend die Nahtzugabe zum Rückteil bügeln.

2. Jetzt steckst du die Ärmel in die Armausschnitte. Der Knips oben am Ärmel trifft auf die Schulternaht, der Knips hinten im Ärmel trifft auf den Knips im Rückteil. Mit 1 cm Nahtzugabe rechts auf rechts einnähen.

3. Als Nächstes faltest du den Pullover rechts auf rechts zusammen. Stecke die Seitennähte und Ärmelnähte zusammen und nähe sie mit 1 cm Nahtzugabe zusammen. Die Nahtzugabe zum Rückteil bügeln und den Pulli wieder auf rechts wenden.

4. Wenn du dir nun sicher bist, dass der Pulli von der Weite her passt, kannst du die Ärmel mit einem Umschlagsaum säumen. Wie das genau geht, erfährst du auf Seite 35.

TIPP
Weil Viskosejersey sehr locker und weit fällt, solltest du den Pulli jetzt einmal anprobieren. Es kann sein, dass der Pulli etwas zu weit ist. Das kannst du jetzt noch ganz einfach anpassen, indem du den Pulli an den Seitennähen (und ggf. Ärmelnähten) enger nähst.

5. Die Kanten am Saum und im Halsausschnitt werden mit Rüschen genäht. Für die Rüsche versäuberst du zuerst eine lange Kante der Jerseystreifen mit einem Rollsaum und nähst dabei die Ecken rund ab (siehe Seite 36 – wenn du mit einer Nähmaschine arbeitest, musst du die Ecken vor dem Versäubern mit der Schere abrunden). Anschließend nähst du an der nicht versäuberten Kante mit möglichst langem Geradstich (Stichlänge 4 oder größer) eine Naht, bei der du die Enden nicht verriegelst, sondern die Fäden lang stehen lässt. Ziehst du nun an einem der Fäden, rafft sich der Stoff zu Kräuseln.

6. Die beiden breiten Jerseystreifen werden jeweils auf die Länge des Vorderteilsaums bzw. des Rückteilsaums eingekräuselt. Die Kräusel gleichmäßig verteilen und die Rüschen rechts auf rechts an den Saum stecken. An den Seitennähten überlappen die beiden Streifen knapp.

7. Die Rüsche mit 1 cm Nahtzugabe an den Saum nähen, die Naht versäubern und nach oben bügeln. Von außen kannst du den Saum nun nochmal knapp auf dem Oberteil absteppen, damit die Nahtzugabe nicht runterklappt.

8. Mit der Rüsche am Halsausschnitt verfährst du genauso, nur nähst du hier die Rüsche auf die linke Stoffseite des Ausschnitts und klappst sie dann zur rechten Seite und bügelst sie, sodass sie sich wie ein Krägelchen um den Ausschnitt legt.

KATI

Wenn du zwei Stoffe miteinander kombinieren willst, ist Kati genau die richtige Wahl, denn die Teilungsnaht, die über der Brust verläuft, wirkt sehr elegant und lässt auch verspieltere Stoffe erwachsen wirken.

MATERIAL

Als Material eignen sich Sommersweat oder Jacquardsweat.

- 120 cm Jacquardsweat mit Herzen (140 cm breit)
- 50 cm Jacquardsweat mit Punkten (140 cm breit)
- 3 Jerseydruckknöpfe

SCHNITTANPASSUNG

Für Kati wählst du den einfachen Grundschnitt, an den Armen ungekürzt und am Saum an der Bündchenlinie gekürzt. Am Halsausschnitt wählst du die obere Kragenlinie.

ZUSCHNITT

JACQUARD MIT HERZEN

- 1 x Vorderteil (SB 1) unten im Bruch
- 1 x Rückteil (SB 2) unten im Bruch
- 2 x Ärmel (SB 1) unten gegengleich

JACQUARD MIT PUNKTEN

- 1 x Vorderteil (SB 1) oben im Bruch
- 2 x Rückteil (SB 2) oben gegengleich
- 2 x Ärmel (SB 1) oben gegengleich
- 2 x Armflicken (SB 1)
- 2 x hinterer Beleg gegengleich (siehe Seite 84)
- 1 x vorderer Beleg im Bruch (siehe Seite 84)

Der Schnitt enthält keine Nahtzugaben, bitte an alle Teile 1 cm Nahtzugabe dazugeben, am Saum und den Ärmelsäumen 2 cm Saumzugabe hinzugeben.

SO GEHT'S

1

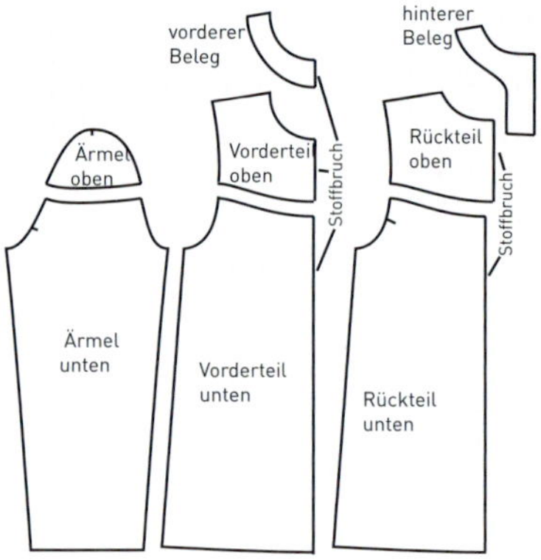

3

2

4

1. Um den Schnitt anzupassen werden Vorder-, Rückteil und Ärmel wie in der Zeichnung geteilt, dabei ist es wichtig, dass die Strecken unter dem Arm gleich lang sind, damit die Nähte später aufeinander passen. Am oberen Rückteil stellst du die hintere Mitte außerdem um 1 cm aus (zusätzlich zur Nahtzugabe) und am Ausschnitt zeichnest du rundum einen 4 cm breiten Beleg ein und nimmst ihn ab (siehe Seite 29).

2. Starte mit dem oberen Vorderteil und den beiden oberen Rückteilen, die du an der Schulter rechts auf rechts mit 1 cm Nahtzugabe zusammennähst. Die Nahtzugabe bügelst du in Richtung des Rückteils.

3. Das Gleiche wiederholst du dann mit den Belegen, die du ebenfalls an den Schulternähten rechts auf rechts zusammennähst. Die hinteren Belege liegen so, dass die Spitzen zueinander zeigen. Die Nahtzugabe in Richtung des Vorderteils bügeln und den Beleg an der äußeren Kante versäubern.

4. Jetzt kannst du den Beleg rechts auf rechts auf den Ausschnitt und die hinteren Kanten stecken, mit 1 cm Nahtzugabe annähen und die Nahtzugabe in den Rundungen etwas einschneiden.

5

7

6

8

5. Wende anschließend den Beleg nach links und bügle die Kanten schön ordentlich. In der Versäuberungsnaht des Belegs wird nun der Beleg noch einmal rundum auf das Oberteil genäht.

6. Die beiden hinteren Mittelkanten legst du jetzt so übereinander, dass sie 2 cm überlappen. An der unteren Kante knappkantig zusammennähen.

7. Jetzt müssen die einzelnen Teile an den Teilungsnähten zusammengenäht werden. Dazu startest du am Vorderteil: Stecke das untere Vorderteil und das obere rechts auf rechts entlang der Teilungsnaht aufeinander und nähe sie mit 1 cm Nahtzugabe zusammen. Die Nahtzugabe zum Unterteil hin bügeln und das Gleiche mit dem oberen und unteren Rückteil wiederholen.

8. Nach dem gleichen Prinzip verfährst du auch mit den Ärmeln.

9

11

10

12

9. Wenn die Ärmel zusammengesetzt sind, kannst du die Armflicken laut Positionsmarkierung und Anleitung auf Seite 43 auf die Ärmel aufnähen.

10. Nun steckst du die Ärmel in die Armausschnitte. Der Knips oben am Ärmel trifft auf die Schulternaht, der Knips hinten im Ärmel trifft auf den Knips im Rückteil. Außerdem solltest du darauf achten, dass die Teilungsnähte so genau wie möglich aufeinander treffen. Mit 1 cm Nahtzugabe rechts auf rechts einnähen.

11. Als Nächstes faltest du den Pullover rechts auf rechts zusammen. Stecke die Seitennähte und Ärmelnähte jeweils aufeinander und nähe sie mit 1 cm Nahtzugabe zusammen. Die Nahtzugabe zum Rückteil hin bügeln und den Pullover auf rechts wenden.

12. Zum Schluss versäuberst du Saum und Ärmelsäume, bügelst sie 2 cm nach links um und steppst sie ab. Außerdem bringst du an der Knopfleiste im Rückteil drei Jerseydruckknöpfe in gleichmäßigem Abstand an.

ABBY

ABBY

Sportlich, cool und extravagant kommt Abby daher, mit ihren versetzten Seitennähten, Reißverschlüssen am Saum und den extralangen, geschoppten Ärmeln.

MATERIAL

Als Material eignen sich wärmere Stoffe wie Sweat und Sommersweat.

- 200 cm Sweat (140 cm breit)
- 10 cm Bündchenstoff
- 2 nicht-teilbare Reißverschlüsse in ca. 20 cm Länge
- 2 Ösen mit 12 mm Durchmesser
- 1,5 m Kordel
- 20 cm Gummiband, 1 cm breit
- Etwas Vlieseline oder Lederreste zum Verstärken der Ösen

SCHNITTANPASSUNG

Für Abby wählst du den einfachen Grundschnitt, ungekürzt an Armen und Saum. Am Halsausschnitt wählst du die obere Linie für Kapuzen und Kragen.

ZUSCHNITT

SWEAT

- 1 x Vorderteil (SB 1) im Bruch
- 1 x Rückteil (SB 2) im Bruch
- 2 x Ärmel (SB 1) gegengleich
- 4 x Kapuze (SB 1) (je 2 x gegengleich)
- 1 x vorderer Beleg im Bruch (siehe Seite 89)
- 1 x hinterer Beleg im Bruch (siehe Seite 89)

BÜNDCHENSTOFF

- 2 x Armbündchen (SB 1)

Der Schnitt enthält bis auf die Bündchen keine Nahtzugaben, bitte überall 1 cm Nahtzugabe dazugeben.

SO GEHT'S

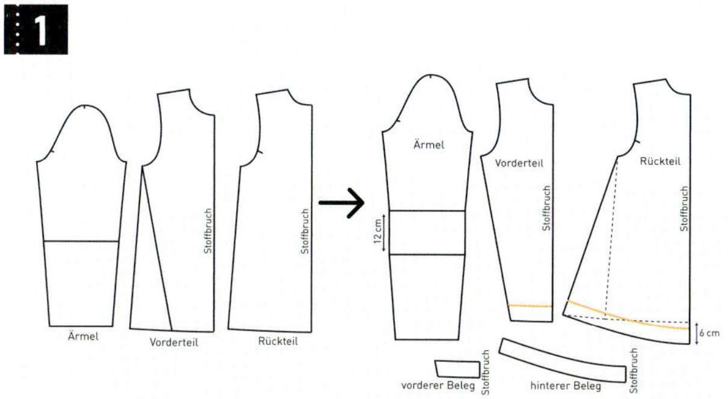

1. Um das Schnittmuster anzupassen werden die Ärmel auf Ellenbogenhöhe um 12 cm verlängert und ihre Seitenlinien begradigt. Die Seitennaht im Vorderteil wird am Saum nach vorne gezogen, je nach Größe um 10 bis 15 cm. Dieses Teil abschneiden und an die Seitennaht des Rückteils kleben. Verlängere den hinteren Saum um 6 cm und lasse ihn in einem Bogen nach vorne bis zur ursprünglichen Saumlinie auslaufen. Pause außerdem am Saum einen 4 cm breiten Beleg ab (Anleitung siehe Seite 29).

2. Fang damit an, das Oberteil für die Reißverschlüsse vorzubereiten. Dazu versäuberst du zunächst die Seitenkanten von Vorder- und Rückteil. Anschließend werden die Teile an den Seitennähten rechts auf rechts aufeinander gesteckt. Die untersten 20 cm (vom Saum aus gemessen) bleiben offen. Mit 1 cm Nahtzugabe und Geradstich zusammennähen. Bügle die Nahtzugabe auseinander. Auch die offenen Enden, wo der Reißverschluss reinkommt, je 1 cm nach links umbügeln.

3. Nun steckst du die Reißverschlüsse in die Öffnungen, mit dem Zipper nach unten zum Saum, die umgebügelten Kanten laufen neben den Zähnchen. Den Reißverschluss mit Geradstich von außen einnähen.

4. Jetzt kannst du die Schulternähte von Vorder- und Rückteil rechts auf rechts zusammenstecken, aufeinander nähen und die Nahtzugabe zum Rückteil bügeln.

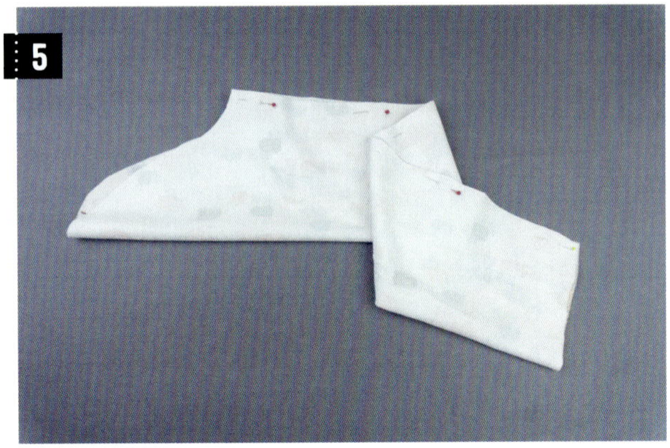

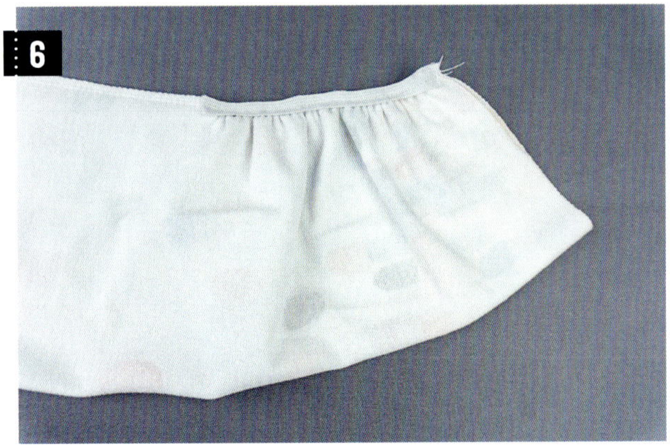

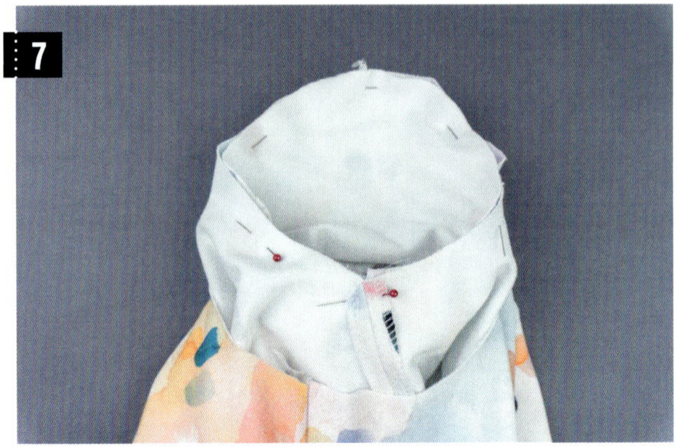

5. Als Nächstes werden die Ärmelnähte geschlossen, dazu steckst du die langen Ärmelnähte rechts auf rechts aufeinander und nähst sie mit 1 cm Nahtzugabe zusammen.

6. Zum Raffen der Ärmel misst du an der Ärmelnaht die untersten 25 cm ab und markierst sie dir mit einer Nadel. Auf die Nahtzugabe wird nun der gedehnte Gummi von der Nadel bis zum Ärmelsaum aufgenäht. Dabei nimmst du einen möglichst langen Geradstich. Wenn sich der Gummi nach dem Annähen wieder zusammenzieht, schoppt sich der Ärmel automatisch.

7. Jetzt steckst du die Ärmel rechts auf rechts in die Armausschnitte. Du kannst dazu entweder den ganzen Pulli auf links wenden oder, so wie ich, den Armausschnitt durch den Halsausschnitt nach oben stülpen und dann den Ärmel hineinstecken. Der Knips oben am Ärmel trifft auf die Schulternaht, der Knips hinten im Ärmel trifft auf den Knips im Rückteil und die Ärmelnaht liegt auf der Seitennaht des Oberteils. Mit 1 cm Nahtzugabe rechts auf rechts einnähen.

8. Nachdem die Ärmel eingenäht sind, kannst du auch die Bündchen an den Ärmelsäumen anbringen. Wie das genau geht, erfährst du auf Seite 33.

9. Die Kapuze nähst du nach der Anleitung auf Seite 37 und steckst sie anschließend rechts auf rechts in den Halsausschnitt, am Vorderteil liegen die Kanten bündig aneinander. Mit 1 cm Nahtzugabe einnähen. Anschließend kannst du die Kordel einziehen.

10. Zum Schluss muss nur noch der Saum mit den Belegen versehen werden. Dazu versäuberst du zunächst die oberen Kanten der Belege.

11. Jetzt steckst du den vorderen Beleg rechts auf rechts mit der unversäuberten Kante an den Vorderteilsaum zwischen den Reißverschlüssen, an den Reißverschlüssen schlägst du die Nahtzugabe ein. Mit 1 cm Nahtzugabe annähen und den Beleg nach innen umschlagen, die Kante schön bügeln. Mit dem hinteren Beleg genauso verfahren.

12. Steppe die Belege mit 3 cm Kantenabstand ab und nähe sie an den Reißverschlüssen nochmal in den Reißverschlussnähten an.

BELLA

Bella kombiniert wunderbar feine Spitzenstoffe mit leichtem Sweat, schick und bequem – der perfekte Begleiter in vielen Lebenslagen.

MATERIAL

Als Material eignen sich Sommerweat und elastische Spitze.
- 120 cm dunkelblauer Sweat (140 cm breit)
- 60 cm elastische Spitze (140 cm breit)
- 10 cm dunkelblauer Bündchenstoff

SCHNITTANPASSUNG

Für Bella wählst du den einfachen Grundschnitt, an Armen und Saum an der Bündchenlinie gekürzt. Am Halsausschnitt wählst du die untere Linie für Bündchenabschlüsse.

ZUSCHNITT

DUNKELBLAUER SWEAT

- 1 x Vorderteil (SB 1) unten im Bruch
- 1 x Rückteil (SB 2) unten im Bruch
- 2 x Ärmel (SB 1) hinten gegengleich
- 2 x Ärmel (SB 1) vorne gegengleich
- 1 x Vorderteil Beleg im Bruch (siehe Seite 94)
- 1 x Rückteil Beleg im Bruch (siehe Seite 94)

SPITZE

- 1 x Vorderteil (SB 1) oben im Bruch
- 1 x Rückteil (SB 2) oben im Bruch
- 2 x Ärmel (SB 1) Mitte gegengleich

BÜNDCHENSTOFF

- 1 x Halsbündchen (SB 1) im Bruch
- 2 x Armbündchen (SB 1)

Der Schnitt enthält bis auf die Bündchen keine Nahtzugaben, bitte überall 1 cm Nahtzugabe dazugeben.

SO GEHT'S

1

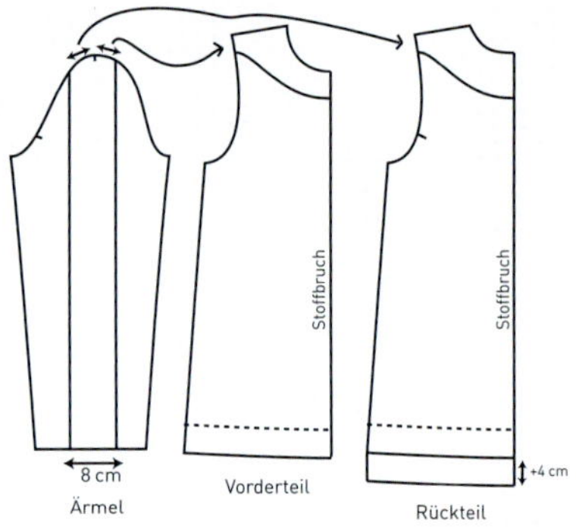

3

2

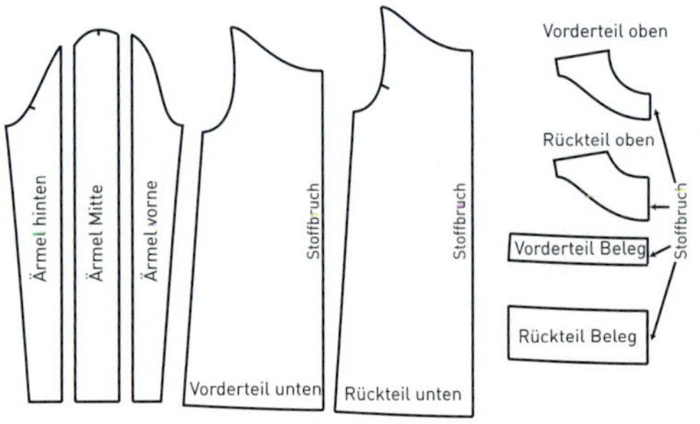

4

1. Um diesen Pullover optisch noch etwas aufzupeppen wird das Schnittmuster folgerndermaßen angepasst: Der hintere Saum wird um 4 cm verlängert, außerdem paust du am vorderen Saum einen 6 cm breiten und am hinteren Saum einen 10 cm breiten Beleg ab (Anleitung siehe Seite 29).

2. Für den Spitzeneinsatz zeichnest du vorne und hinten eine Passe ein. In der gleichen Breite auch am Ärmel (siehe Zeichnung), dort wird der Schnitt auseinander geschnitten.

3. Als Erstes müssen die einzelnen Teile an den Teilungsnähten zusammengenäht werden. Starte damit am Vorderteil und stecke das obere Teil aus Spitze an das untere Teil aus Sweat, rechts auf rechts. Mit 1 cm Nahtzugabe zusammennähen und die Nahtzugabe nach unten bügeln und absteppen. Das Gleiche mit dem Rückteil wiederholen. Genauso werden auch die Ärmel in zwei Schritten zusammengesetzt. Dabei unbedingt darauf achten, dass du keine Teile vertauschst.

4. Wenn alle Einzelteile zusammengesetzt sind, kannst du Vorder- und Rückteil an den Schulternähten rechts auf rechts mit 1 cm Nahtzugabe zusammennähen. Die Nahtzugabe anschließend in Richtung des Rückteils bügeln.

5

6

7

8

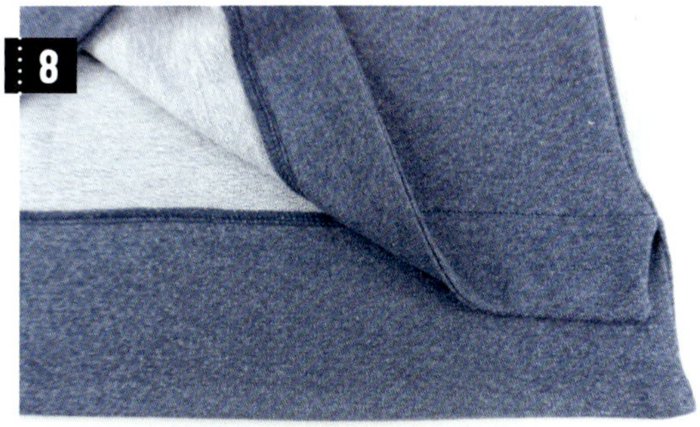

5. Jetzt steckst du die Ärmel in die Armausschnitte. Der Knips oben am Ärmel trifft auf die Schulternaht, der Knips hinten im Ärmel trifft auf den Knips im Rückteil. Mit 1 cm Nahtzugabe rechts auf rechts einnähen.

6. Als Nächstes faltest du den Pullover rechts auf rechts zusammen, steckst die Seitennähte und Ärmelnähte aufeinander und nähst sie mit 1 cm Nahtzugabe zusammen. Die letzten 5 cm der Seitennaht (vom Vorderteil aus gemessen) am Saum bitte offen lassen für den Schlitz.

7. Dann versäuberst du die oberen Belegkanten der Belege für Vorder- und Rückteil. Stecke die Belege rechts auf rechts an den Saum, die Overlocknaht zeigt zum Pulli hin. Jetzt nähst du die Belege am Saum und an den Schlitzen mit 1 cm Nahtzugabe auf. Starte und ende an den Schlitzen genau in den Schlitzenden.

8. Nun kannst du die Belege umstülpen und die Kanten schön bügeln. Die obere Kante der Belege steppst du einmal rundum ab. Zum Schluss müssen nur noch die Armbündchen und das Halsbündchen an den Pulli. Wie das genau geht, erfährst du auf Seite 33.

LEA

Luftig leicht kommt Lea daher, mit den langen Schlitzen an der Seite. Sie zeigt, wie toll man Jersey auch mit gewebten Stoffen kombinieren kann.

MATERIAL

Als Material eignen sich Jerseystoffe in Kombination mit gewebter Viskose.

- 100 cm Jersey (140 cm breit)
- 30 cm gewebte Viskose (140 cm breit)
- 50 cm Jerseyschrägband (140 cm breit)

SCHNITTANPASSUNG

Für Lea wählst du den einfachen Grundschnitt, die Ärmel an der ¾-Linie gekürzt. Am Halsausschnitt wählst du die untere Linie für Bündchenabschlüsse. Parallel zur Bündchenlinie des Saums ziehst du in 20 cm Abstand am Vorder- und Rückteil eine Linie, an der du die Schnittteile teilst.

ZUSCHNITT

JERSEY

- 1 x Vorderteil (SB 1) oben im Bruch
- 1 x Rückteil (SB 2) oben im Bruch
- 2 x Ärmel (SB 1) gegengleich in ¾-Länge

GEWEBTE VISKOSE

- 1 x Vorderteil (SB 1) unten im Bruch
- 1 x Rückteil (SB 2) unten im Bruch
- 2 x Armumschlag (SB 1)
- 1 x aufgesetzte Tasche (SB 1) klein

Der Schnitt enthält bis auf die Armumschläge keine Nahtzugaben, bitte überall 1 cm Nahtzugabe dazugeben.

SO GEHT'S

1

2

3

4

1. Du beginnst damit, die aufgesetzte Tasche an der von dir gewünschten Position auf das Vorderteil zu nähen. Wie das genau geht, erfährst du auf Seite 42.
2. Nun kannst du Vorder- und Rückteil an den Schulternähten rechts auf rechts mit 1 cm Nahtzugabe zusammennähen und die Nahtzugaben in Richtung der Rückteile bügeln.
3. Jetzt steckst du die Ärmel in die Armausschnitte. Der Knips oben am Ärmel trifft auf die Schulternaht, der Knips hinten im Ärmel trifft auf den Knips im Rückteil. Mit 1 cm Nahtzugabe rechts auf rechts einnähen.
4. Als Nächstes faltest du den Pullover rechts auf rechts zusammen. Stecke die Seitennähte und Ärmelnähte aufeinander und nähe sie jeweils mit 1 cm Nahtzugabe zusammen. Die Nahtzugaben zum Rückteil hin bügeln.

5

7

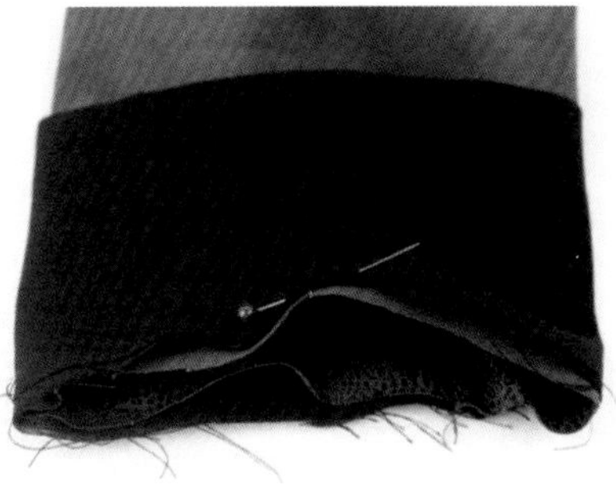

6

8

5. Jetzt bereitest du die unteren Teile von Vorder- und Rückteil aus Viskose vor. Dazu versäuberst du zuerst alle Kanten und bügelst dann den Saum und die Seitennähte jeweils 1 cm nach links um. Anschließend kannst du die umgeschlagenen Kanten absteppen.

6. Stecke die Viskoseteile rechts auf rechts an den Pulloversaum. Die noch nicht umgenähte Seite kommt an den Saum, die Teile treffen an den Seitennähten aufeinander. Mit 1 cm Nahtzugabe annähen, dann die Nahtzugabe nach oben bügeln und absteppen.

7. Als Nächstes kommen die Umschläge an den Ärmelsaum. Die Umschläge werden wie Bündchen gefertigt. Du nähst die kurzen Seiten rechts auf rechts aufeinander und stülpst dann den Umschlag um, sodass die offenen Kanten aufeinander liegen und die rechte Stoffseite außen. Den Umschlag steckst du nun auf die linke Stoffseite an den Ärmel, offene Kanten aufeinander, und nähst ihn rundum mit 1 cm Nahtzugabe fest. Wende nun den Pulli wieder auf die rechte Seite. Anschließend kannst du den Umschlag hochkrempeln und mit ein paar Stichen fixieren.

8. Zum Schluss musst du nur noch den Halsausschnitt mit Jerseyschrägband einfassen. Wie das genau geht, erfährst du auf Seite 34.

JOSEFINE

Die süßen Volants an den Ärmeln verleihen der ansonsten so schlichten Josefine einen tollen romantischen Touch und machen sie zu einem absoluten Lieblingsstück.

MATERIAL

Als Material eignen sich etwas dünnere Sweatstoffe wie Sommersweat.

- 130 cm Sommersweat (140 cm breit)
- 30 cm mintfarbener Bündchenstoff

SCHNITTANPASSUNG

Für Josefine wählst du den einfachen Grundschnitt, an den Armen und am Saum an der Bündchenlinie gekürzt. Am Halsausschnitt wählst du die untere Linie für Bündchen.

ZUSCHNITT

GELBER SWEAT

- 1 x Vorderteil (SB 1) im Bruch
- 1 x Rückteil (SB 2) im Bruch
- 2 x Ärmel (SB 1) gegengleich
- 2 x Volants (SB 1)

GRAUER SWEAT

- 1 x Halsbündchen (SB 1) im Bruch
- 2 x Saumbündchen (SB 2) im Bruch
- 2 x Armbündchen (SB 1)

Der Schnitt enthält bis auf die Bündchen und den Volant keine Nahtzugaben, bitte überall 1 cm Nahtzugabe dazugeben.

SO GEHT'S

1

3

2

4

1. Als Erstes nähst du Vorder- und Rückteil an den Schulternähten rechts auf rechts mit 1 cm Nahtzugabe zusammen. Anschließend bügelst du die Nahtzugabe zum Rückteil.

2. An den Volants wird die äußere Rundung mit einem Rollsaum eingefasst. Falls deine Maschine keinen Rollsaum nähen kann, geht alternativ auch ein enger, schmaler Zickzackstich, der sich um die Schnittkante legt. Eine ausführlichere Anleitung findest du im Grundlagenteil auf Seite 36.

3. Nun kannst du den Volant rechts auf rechts an den Armausschnitt von Vorder- und Rückteil stecken. Der Knips im Volant trifft auf die Schulternaht. Knappkantig annähen.

4. Jetzt steckst du die Ärmel rechts auf rechts an die Armausschnitte. Der Knips oben am Ärmel trifft auf die Schulternaht, der Knips hinten im Ärmel trifft auf den Knips im Rückteil. Der Volant liegt zwischen Ärmel und Oberteil. Mit 1 cm Nahtzugabe rechts auf rechts einnähen.

5

7

6

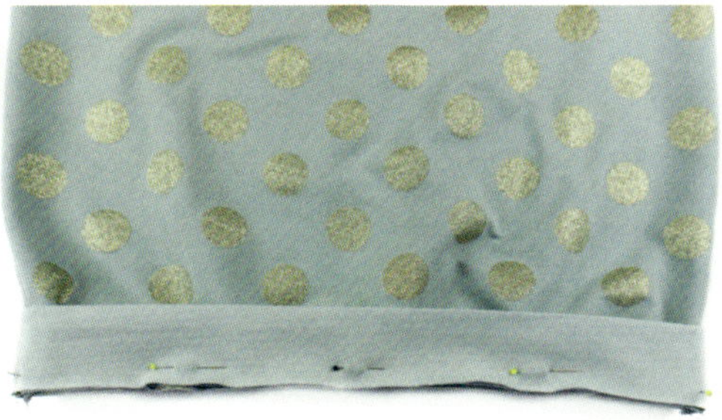

8

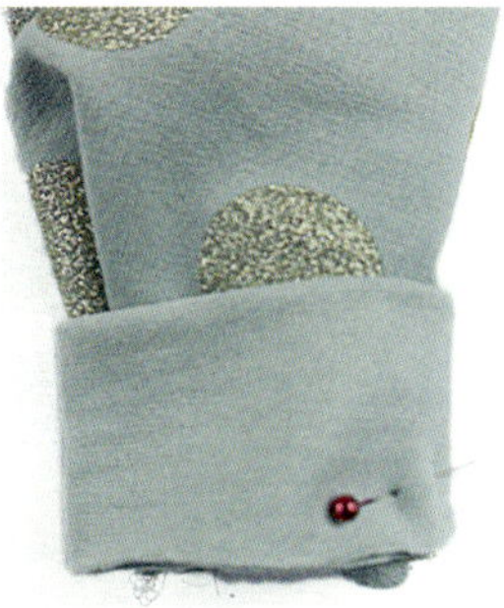

5. Als Nächstes faltest du den Pullover rechts auf rechts aufeinander, steckst die Seitennähte und Ärmelnähte jeweils aufeinander und nähst sie mit 1 cm Nahtzugabe zusammen. Die Nahtzugabe anschließend in Richtung des Rückteils bügeln und den Pullover auf rechts wenden.

6. Nähe nun das Saumbündchen an wie auf Seite 33 beschrieben.

7. Jetzt fehlt noch das Halsbündchen, das in den Ausschnitt genäht werden muss.

8. Zum Schluss müssen nur noch die Bündchen an die Ärmelsäume. Fertig!

RIEKE

Super kuschelig und warm ist Rieke die erste Wahl an kalten Tagen, denn mit dem hohen Stehkragen und den großen Taschen kann man sich wunderbar einkuscheln.

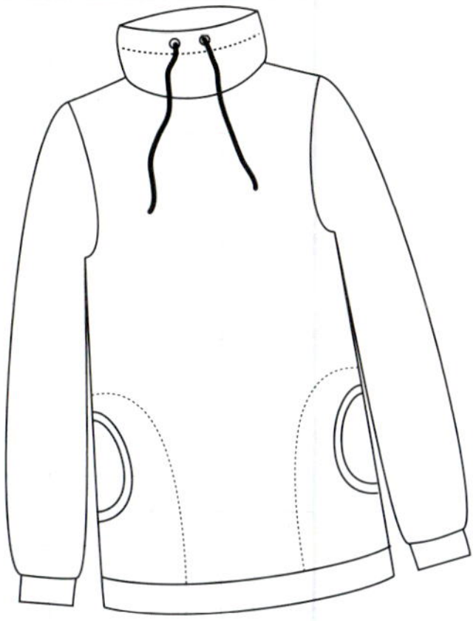

MATERIAL

Als Material eignen sich wärmere Stoffe mit etwas Elastan wie Nicki und Sweat.

- 130 cm blauer Nicki (140 cm breit)
- 30 cm bordeauxfarbener Bündchenstoff
- 2 Ösen mit 12 mm Durchmesser
- 1,5 m Kordel
- Etwas Vlieseline oder Lederreste zum Verstärken der Ösen

SCHNITTANPASSUNG

Für Rieke wählst du den einfachen Grundschnitt, an Armen und Saum an der Bündchenlinie gekürzt, mit Aussparungen für die runden Taschen, dazu den entsprechenden Taschenbeutel (gerade Unterkante) und Bündchen. Am Halsausschnitt wählst du die obere Linie für Kapuze und Kragen.

ZUSCHNITT

BLAUER NICKI

- 1 x Vorderteil (SB 1) im Bruch
- 1 x Rückteil (SB 2) im Bruch
- 2 x Ärmel (SB 1) gegengleich
- 1 x Stehkragen (SB 2) im Bruch
- 2 x Taschenbeutel (SB 2) für runde Tasche mit gerader Unterkante gegengleich

BÜNDCHENSTOFF

- 2 x Saumbündchen (SB 2) im Bruch
- 2 x Armbündchen (SB 1)
- 2 x Bündchen (SB 2) für runde Tasche

Der Schnitt enthält bis auf die Bündchen und den Stehkragen keine Nahtzugaben, bitte überall 1 cm Nahtzugabe dazugeben.

SO GEHT'S

1

3

2

4

1. Als Erstes nähst du die Taschen ins Vorderteil. Die genaue Anleitung dazu findest du auf Seite 41.

2. Wenn die Taschen im Vorderteil sind, kannst du Vorder- und Rückteil an den Schulternähten rechts auf rechts mit 1 cm Nahtzugabe zusammennähen. Die Nahtzugaben in Richtung des Rückteils bügeln.

3. Jetzt steckst du die Ärmel in die Armausschnitte. Der Knips oben am Ärmel trifft auf die Schulternaht, der Knips hinten im Ärmel trifft auf den Knips im Rückteil. Mit 1 cm Nahtzugabe rechts auf rechts einnähen.

4. Als Nächstes faltest du den Pullover rechts auf rechts zusammen, steckst die Seitennähte und Ärmelnähte aufeinander und nähst sie mit 1 cm Nahtzugabe zusammen. Die Nahtzugaben bügelst du in Richtung des Rückteils und wendest den Pulli auf rechts.

5

6

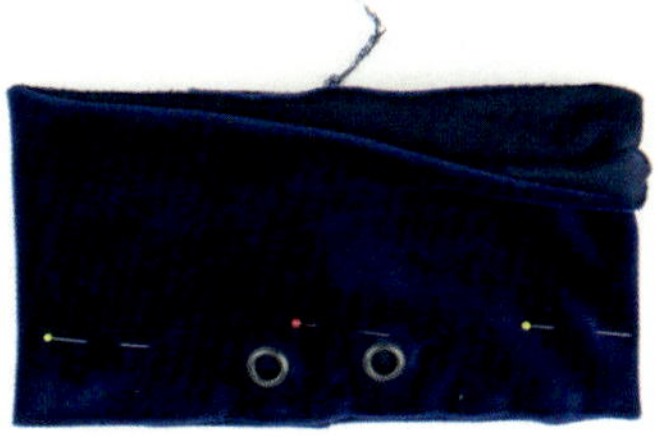

7

8

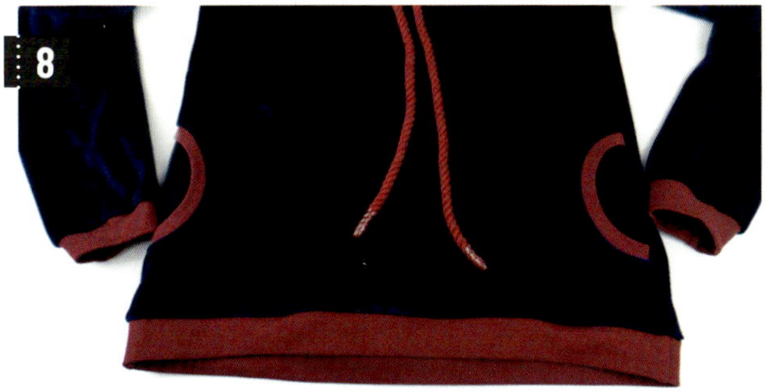

5. Nun kommen wir zum Kragen: Zuerst müssen im Kragen an der markierten Position die Ösen angebracht werden (siehe Grundlagenteil Seite 44). Dann den Kragen an der kurzen Seite rechts auf rechts aufeinander nähen und ihn anschließend halb umstülpen, sodass die Kanten aufeinander und die rechte Stoffseite außen liegt.

6. Den Kragen oben mit 3,5 cm Kantenabstand absteppen, sodass ein Tunnelzug entsteht.

7. Anschließend den Kragen rechts auf rechts an den Halsausschnitt nähen, die Ösen liegen vorne. Nach dem Nähen klappst du den Kragen hoch und steppst die Nahtzugabe nach unten. Nun kannst du die Kordel durchziehen.

8. Zum Schluss fehlen nur noch die Bündchen am Saum und den Ärmelsäumen, diese werden wie auf Seite 33 beschrieben gefertigt und angenäht.

KIRSTEN

Diesen Klassiker sollte jeder im Schrank haben, denn eine coole Sweatjacke kann man immer gebrauchen. Und mit coolem Doubleface-Stoff und den Cuff-Bündchen liegt man voll im Trend.

MATERIAL

Als Material eignen sich wärmere Stoffe wie Steppsweat, Alpenfleece und Sweat.

- 170 cm Doubleface-Sweat (140 cm breit)
- 110 cm Cuffband, ab Größe 40 220 cm
- 2 Ösen mit 12 mm Durchmesser
- 1,5 m Kordel
- 1 teilbarer Reißverschluss, 60 cm lang
- Etwas Vlieseline oder Lederreste zum Verstärken der Ösen

SCHNITTANPASSUNG

Für Kirsten wählst du den einfachen Grundschnitt, an den Armen und am Saum an der Bündchenlinie gekürzt. Am Halsausschnitt wählst du die obere Linie für Kapuze und Kragen.

ZUSCHNITT

STEPPSWEAT

- 2 x Vorderteil (SB 1) gegengleich
- 1 x Rückteil (SB 2) im Bruch
- 2 x Ärmel (SB 1) gegengleich
- 4 x Kapuze (SB 1) (je 2 x gegengleich)
- 2 x Schulterpasse gegengleich (siehe Seite 110)
- 2 x Kängurutasche gegengleich (siehe Seite 110)

CUFFBAND

- 2 x in Länge des persönlichen Handgelenkumfangs
- Rest (bis Größe 38) für Saumbündchen, ab Größe 40 neues Stück in Saumbündchenlänge

Der Schnitt enthält keine Nahtzugaben, bitte an alle Teile 1 cm Nahtzugabe dazugeben.

SO GEHT'S

1
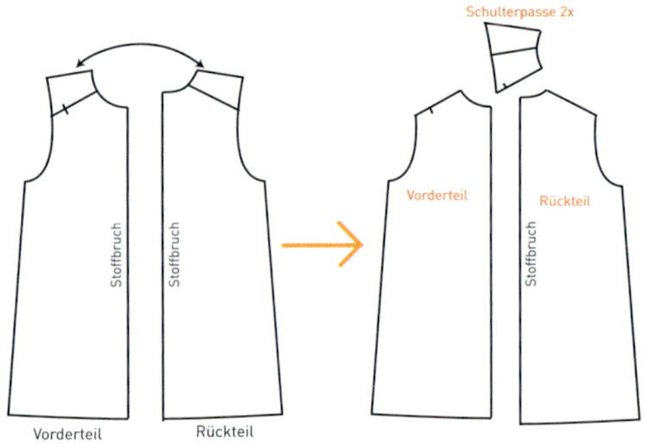

3

2

4

1. Auch an diesem Schnittmuster müssen wir noch ein bisschen zaubern. An Vorder- und Rückteil zeichnest du in der gewünschten Breite an der Schulter Passen ein und schneidest sie ab. Diese Teile klebst du dann anschließend jeweils zu einem Schnittteil zusammen. Achte aber darauf, dass du in der Nahtzugabe der Passe mit einem Knips die Schulternaht markierst sowie mit einem Knips oder Kreide kennzeichnest, welche Seite zum Vorderteil gehört. Das Vorderteil wird nicht im Bruch, sondern zweimal getrennt zugeschnitten.

2. Beginne mit den Kängurutaschen. Diese werden laut der Anleitung auf Seite 40 auf die Vorderteile genäht. Nun steckst du die Schulterpasse rechts auf rechts ans Vorderteil und nähst sie mit 1 cm Nahtzugabe an. Die Nahtzugabe in Richtung der Passe bügeln und absteppen.

3. Die anderen Seiten der Passen nähst du rechts auf rechts an das Rückteil. Ebenfalls wieder die Nahtzugabe nach oben bügeln und absteppen.

4. Jetzt steckst du die Ärmel in die Armausschnitte. Der Knips oben am Ärmel trifft auf die Schulternaht, der Knips hinten im Ärmel trifft auf den Knips im Rückteil. Mit 1 cm Nahtzugabe rechts auf rechts einnähen.

5

7

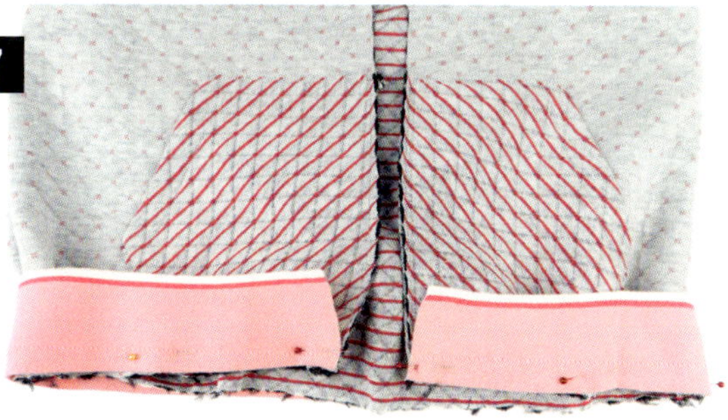

6

8

5. Anschließend nähst du die Cuffs für die Armbündchen rechts auf rechts gedehnt an den Ärmelsaum. So treffen Ärmel- und Cuff-Naht exakt aufeinander.

6. Nun faltest du den Pullover rechts auf rechts zusammen, steckst die Seitennähte und Ärmelnähte (inklusive der Cuffs am Ärmelsaum) aufeinander und nähst sie mit 1 cm Nahtzugabe zusammen. Die Nahtzugabe in Richtung des Rückteils bügeln, die Enden der Overlocknaht am Ärmel gut sichern und die Jacke auf rechts wenden.

7. Jetzt kannst du auch schon das Cuff-Bündchen für den Saum gedehnt rechts auf rechts an den Saum nähen. Das Cuff-Bündchen endet und beginnt genau an der vorderen Kante. Die Nahtzugabe nach oben bügeln und von außen absteppen.

8. Die vordere Kante versäuberst du anschließend mit der Overlock. Danach kannst du überprüfen, ob der Reißverschluss die richtige Länge hat. Er endet unten am Saum bündig mit dem Cuff und oben am Halsausschnitt ist noch 1 cm Nahtzugabe über dem Ende der Zähnchen. Falls der Reißverschluss zu lang ist, solltest du ihn kürzen wie auf Seite 45 beschrieben. Dann den Reißverschluss rechts auf rechts an einer Vorderteilkante feststecken. Er endet 1 cm unter dem Halsausschnitt. Das Bandende wird nach innen umgeschlagen. Unten endet der Reißverschluss genau am Saum.

9

11

10

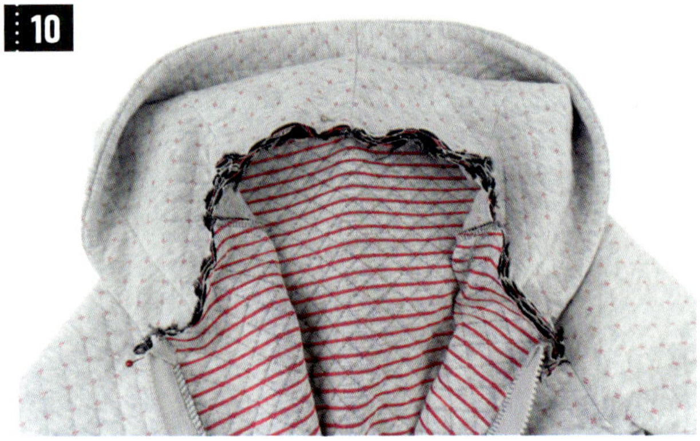

9. Den Reißverschluss annähen und dabei das Maschinenfüßchen so nah wie möglich neben den Reißverschlusszähnen entlang laufen lassen. Die zweite Seite ebenso feststecken und annähen. Das geht am leichtesten, wenn du die Jacke nochmal auf links wendest.

10. Die Kapuze nähst du nach der Anleitung auf Seite 37 und steckst sie anschließend rechts auf rechts an den Halsausschnitt, am Vorderteil enden die Kapuzenkanten am Reißverschluss. Mit 1 cm Nahtzugabe einnähen. Anschließend kannst du die Kordel mithilfe einer Sicherheitsnadel einziehen.

11. Zum Schluss kannst du den Reißverschluss noch von außen absteppen.

TIPP
Um die Kapuzennaht zu verdecken, kannst du ein schönes Band auf die Nahtzugabe aufnähen. Das geht auch bei der Reißverschlussnaht.

GRETA

GRETA

Greta ist mit der spitzen Teilungsnaht, dem Bommelband und der Knopfleiste der absolute Hingucker und eignet sich super, um verschiedene Stoffe zu kombinieren.

MATERIAL

Als Material eignen sich wärmere Stoffe wie Sweat und Sommersweat.

- 100 cm orangener Sweat (140 cm breit)
- 120 cm grüner Sweat (140 cm breit)
- 30 cm grüner Bündchenstoff
- 2 Ösen mit 12 mm Durchmesser
- 1,5 m Kordel
- ca. 1,5 m Bommelborte
- Etwas Vlieseline oder Lederreste zum Verstärken der Ösen

SCHNITTANPASSUNG

Für Greta wählst du den einfachen Grundschnitt, an Armen und Saum an der Bündchenlinie gekürzt. Am Halsausschnitt wählst du die obere Linie für Kapuzen und Kragen.

ZUSCHNITT

ORANGENER SWEAT

- 1 x Vorderteil (SB 1) unten im Bruch
- 1 x Rückteil (SB 2) unten im Bruch
- 2 x Ärmel (SB 1) gegengleich

GRÜNER SWEAT

- 2 x Vorderteil (SB 1) oben, gegengleich bis auf die unterschiedlich breite Knopfleiste
- 1 x Rückteil (SB 2) oben im Bruch
- 4 x Kapuze (SB 1), je 2 x gegengleich
- 1 x Kängurutasche (SB 1) im Bruch
- 2 x Armflicken (SB 1)

BÜNDCHENSTOFF

- 2 x Saumbündchen (SB 2) im Bruch
- 2 x Armbündchen (SB 1)

Der Schnitt enthält bis auf die Bündchen keine Nahtzugaben, bitte überall 1 cm Nahtzugabe dazugeben.

SO GEHT'S

1

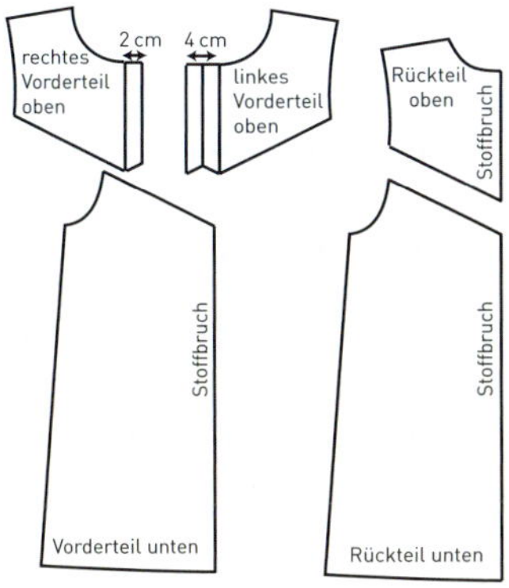

3

2

4

1. Die spitze Teilung ist am Vorder- und Rückteil gleich. Um die Stoffe unterschiedlich zuschneiden zu können zeichne in das Schnittmuster noch eine Teilungslinie ein. Diese beginnt etwa beim unteren Drittel des Armausschnitts und endet in der Mitte ca. 16 cm unterhalb des Halsausschnitts. Das obere Vorderteil wird wegen der Knopfleiste 2-mal zugeschnitten, einmal mit zusätzlich 2 cm Zugabe an der Knopfkante (rechtes Vorderteil), einmal mit 4 cm Zugabe (linkes Vorderteil). Bitte mach aber am Halsausschnitt einen Knips in die Nahtzugabe, wo das obere Vorderteil eigentlich endet.

2. Fang mit der Knopfleiste an: An beiden oberen Vorderteilen versäuberst du zuerst die vordere, angeschnittene Knopfleistenkante und bügelst sie im Anschluss 2 cm nach links um. Anschließend legst du das rechte Vorderteil an der Knopfleiste über das linke Vorderteil, so dass die Spitzen unten genau aufeinander liegen und die umgebügelten Kanten 2 cm überlappen.

3. An die untere Kante von oberem Vorder- und Rückteil kannst du nun jeweils knappkantig rechts auf rechts das Bommelband annähen. Die Bommel zeigen dabei nach oben.

4. Jetzt nähst du das obere Vorderteil rechts auf rechts an das untere Vorderteil. Dabei nähst du erst die eine Seite bis zur Spitze und endest 1 cm vor der Ecke, schneidest dann die Nahtzugabe des unteren Vorderteils bis zum letzten Stich ein und kannst dann die andere Seite annähen. Am einfachsten geht das, wenn du diese Naht zuerst mit Gradstich machst und zum Schluss erst versäuberst. Das Gleiche wiederholst du mit dem oberen und unteren Rückteil. Die Nahtzugabe zu den oberen Teilen bügeln und ggf. absteppen.

5

6

5. Als Nächstes bereitest du die Kängurutasche wie auf Seite 40 beschrieben vor und nähst sie dann mittig am Vorderteilsaum an. Wenn alle Einzelteile zusammengesetzt sind und die Tasche aufgenäht ist, kannst du Vorder- und Rückteil an den Schulternähten rechts auf rechts mit 1 cm Nahtzugabe zusammennähen. Dann die Nahtzugabe in Richtung des Rückteils bügeln.

6. Bevor du die Ärmel einnähst, solltest du die Armflicken laut Positionsmarkierung und Anleitung auf Seite 43 auf die Ärmel nähen.

7

8

7. Jetzt steckst du die Ärmel in die Armausschnitte. Der Knips oben am Ärmel trifft auf die Schulternaht, der Knips hinten im Ärmel trifft auf den Knips im Rückteil. Mit 1 cm Nahtzugabe rechts auf rechts einnähen.

8. Im nächsten Schritt faltest du den Pullover rechts auf rechts zusammen, steckst die Seitennähte und Ärmelnähte aufeinander und nähst sie mit 1 cm Nahtzugabe zusammen. Die Nahtzugabe zum Rückteil hin bügeln und den Pulli auf rechts wenden.

9

11

10

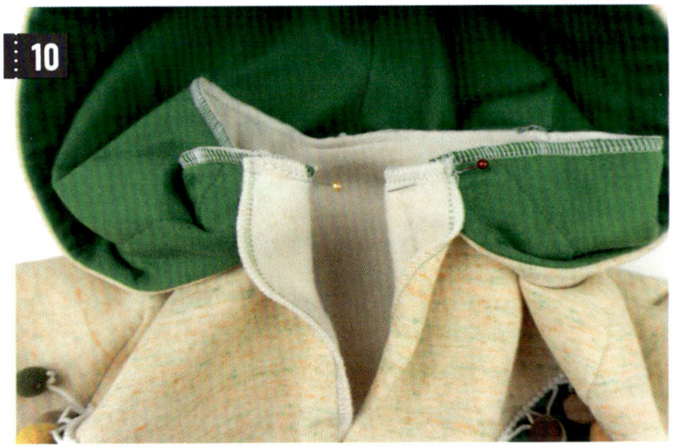

12

9. Die Kapuze nähst du nach der Anleitung auf Seite 37 und steckst sie anschließend rechts auf rechts in den Halsausschnitt. Dabei klappst du am Vorderteil die umgebügelten Seiten auf und steckst die Kapuze nur bis zum Knips fest. Mit 1 cm Nahtzugabe einnähen.

10. Nun schlägst du die Knopfleisten an der oberen Ecke über die Kapuzenecken, nähst sie entlang der versäuberten Kante zusammen und verstürzt sie, sodass Anfang und Ende der Kapuze zwischen den Stofflagen liegen. Anschließend kannst du die Kordel einziehen.

11. Jetzt kommen noch die Druckknöpfe rein. Hierzu gehst du so vor wie auf Seite 43 beschrieben.

12. Zum Schluss fertigst du die Bündchen am Saum und den Ärmelsäumen wie auf Seite 33 beschrieben und nähst sie an. Fertig ist der Pulli!

MAREN

So gemütlich können Kleider sein. Aus leichtem Sommersweat genäht, ist Maren das perfekte Kleidungsstück an lauen Frühlingstagen.

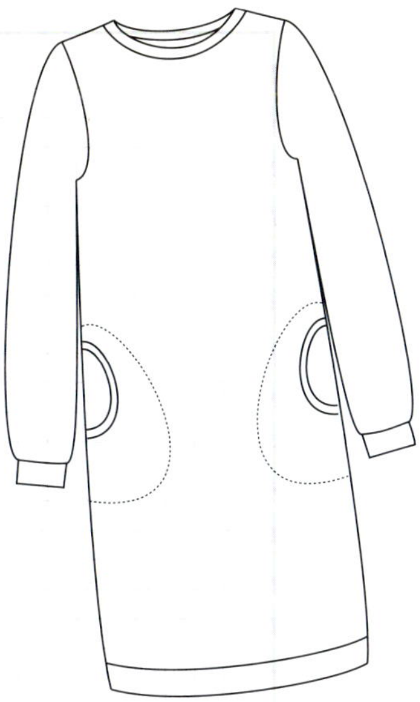

MATERIAL

Als Material eignen sich leichte Sommersweat-Stoffe.

- 150 cm gestreifter Sommersweat (140 cm breit)
- 30 cm senfgelber Bündchenstoff
- Große Blumenapplikation

SCHNITTANPASSUNG

Für Maren wählst du den einfachen Grundschnitt, die Arme an der Bündchenlinie gekürzt, am Saum (untere Linie) um 25 cm verlängert, mit Aussparungen für die runden Taschen. Dazu den entsprechenden Taschenbeutel (runde Unterkante) und Bündchen. Am Halsausschnitt wählst du die untere Linie für Bündchen.

ZUSCHNITT

GESTREIFTER SOMMERSWEAT

- 1 x Vorderteil (SB 1) im Bruch
- 1 x Rückteil (SB 2) im Bruch
- 2 x Ärmel (SB 1) gegengleich
- 2 x Taschenbeutel runde Tasche (SB 2) mit runder Unterkante gegengleich

BÜNDCHENSTOFF

- 1 x Halsbündchen (SB 1) im Bruch
- 2 x Saumbündchen (SB 2) im Bruch
- 2 x Armbündchen (SB 1)
- 2 x Bündchen für runde Tasche (SB 2)

Der Schnitt enthält bis auf die Bündchen keine Nahtzugaben, bitte überall 1 cm Nahtzugabe dazugeben.

SO GEHT'S

1

3

2

4

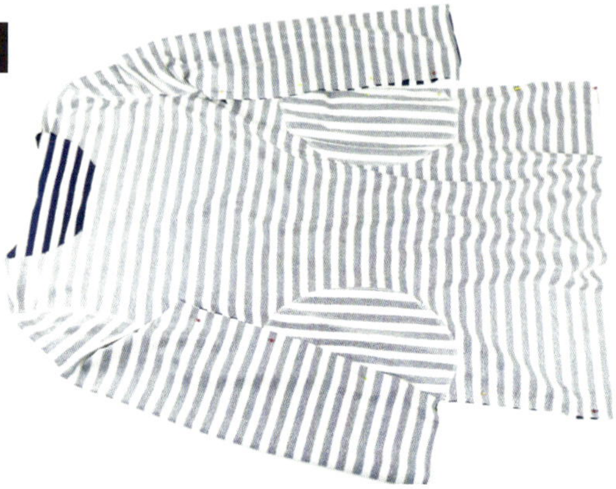

1. Als Erstes nähst du die Taschen ins Vorderteil, die genaue Anleitung dazu findest du auf Seite 41.
2. Wenn die Taschen im Vorderteil sind, kannst du Vorder- und Rückteil an den Schulternähten rechts auf rechts mit 1 cm Nahtzugabe zusammennähen. Die Nahtzugabe in Richtung des Rückteils bügeln.
3. Jetzt steckst du die Ärmel in die Armausschnitte. Der Knips oben am Ärmel trifft auf die Schulternaht, der Knips hinten im Ärmel trifft auf den Knips im Rückteil. Mit 1 cm Nahtzugabe rechts auf rechts einnähen.
4. Als Nächstes faltest du das Kleid rechts auf rechts zusammen. Stecke die Seitennähte und Ärmelnähte aufeinander und nähe sie mit 1 cm Nahtzugabe zusammen. Die Nahtzugabe zum Rückteil hin bügeln und das Kleid auf rechts wenden.

5

6

5. Anschließend kannst du das Bündchen rechts auf rechts an den Halsausschnitt nähen. Wie das genau geht, erfährst du auf Seite 33.
6. An Saum und Ärmelsäume kommen ebenfalls Bündchen, die nach der Anleitung auf Seite 33 genäht werden. Zum Schluss kannst du die Applikation aufbügeln.

TIPP
Auch wenn eine Applikation zum Aufbügeln ist, sollte man sie rundum festnähen, wenn das Teil öfters gewaschen wird, denn mit der Zeit kann sich der Kleber lösen.

MATHILDA

Auf den ersten Blick wirkt Mathilda ganz schlicht, aber durch die grobe Häkelspitze an den Seitennähten und die damit verbundene Transparenz wird sie zum absoluten Hingucker!

MATERIAL

Als Material eignen sich wärmere Stoffe wie Sweat und Sommersweat, aber auch Baumwolljersey.

- 130 cm rosa Sweat (140 cm breit)
- 100 cm grobe Häkelspitze, ca. 4 cm breit
- 30 cm Bündchenstoff

SCHNITTANPASSUNG

Für Mathilda wählst du den einfachen Grundschnitt, an Armen und Saum an der Bündchenlinie gekürzt. Am Halsausschnitt wählst du die untere Linie für Bündchenabschlüsse.

ZUSCHNITT

ROSA SWEAT

- 1 x Vorderteil (SB 1) im Bruch
- 1 x Rückteil (SB 2) im Bruch
- 2 x Ärmel (SB 1) gegengleich

BÜNDCHENSTOFF

- 1 x Halsbündchen (SB 1) im Bruch
- 2 x Saumbündchen (SB 2) im Bruch
- 2 x Armbündchen (SB 1)

HÄKELSPITZE

- 2 x in Länge der Seitennaht vom Armausschnitt bis zum Bündchen + Nahtzugabe (siehe Seite 124)

Der Schnitt enthält bis auf die Bündchen keine Nahtzugaben, bitte überall 1 cm Nahtzugabe dazugeben. An den neuen „Seitennähten" keine Nahtzugabe hinzugeben.

SO GEHT'S

1

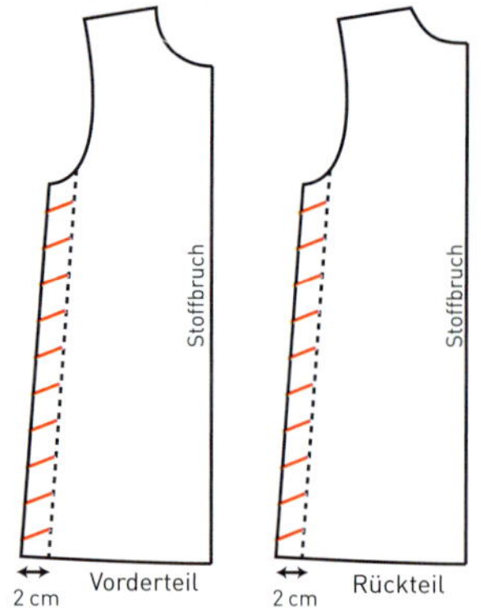

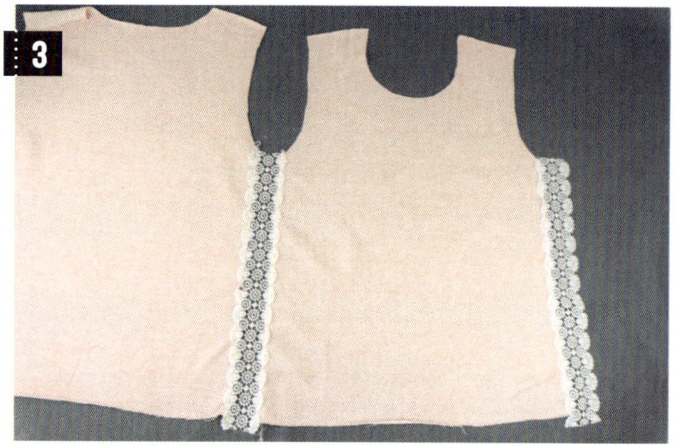

1. Für das schöne Spitzendetail zeichnest du an den Seitennähten von Vorder- und Rückteil eine parallele Linie mit einem Abstand, der die Hälfte der Breite deiner Spitzenborte hat. Bei dieser ca. 4 cm breiten Spitze zeichnest du also die Linie in einem 2 cm-Abstand parallel zur Seitennaht an Vorder- und Rückteil. An dieser Linie einfach durchschneiden und die abgeschnittenen Papierstreifen entsorgen, diese brauchen wir nicht mehr.

2. Dieses Mal musst du etwas anders als sonst vorgehen, indem du als Erstes die Seitennähte schließt. Dazu werden zuerst die Seitenkanten von Vorder- und Rückteil einzeln versäubert. Jetzt steckst du die Spitzenborte mit der einen Seite links auf rechts AUF die Seitennaht des Vorderteils, sodass die Versäuberungsnaht knapp verdeckt ist, und nähst sie knappkantig auf – natürlich ohne Overlockmesser.

3. Die andere Seite der Spitze kommt an die passende Seite des Rückteils und wird ebenso aufgenäht wie am Vorderteil. Das Gleiche an der anderen Seitennaht wiederholen.

4. Wenn die Rumpfteile zusammengesetzt sind, kannst du Vorder- und Rückteil an den Schulternähten rechts auf rechts mit 1 cm Nahtzugabe zusammennähen. Die Nahtzugabe anschließend in Richtung des Rückteils bügeln.

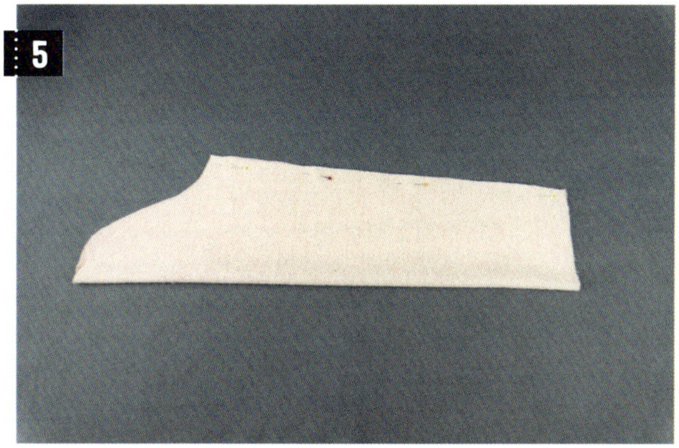

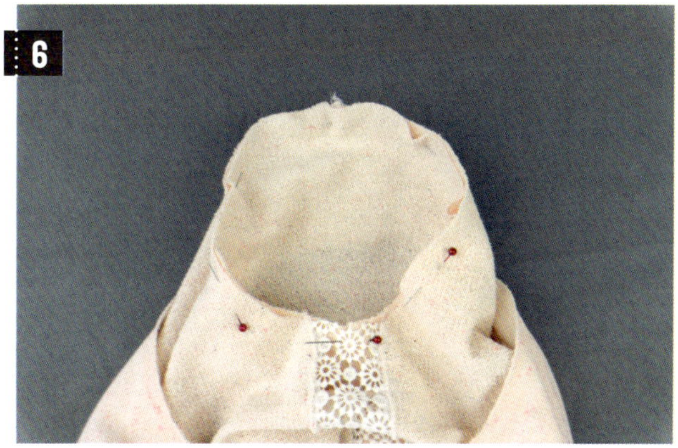

5. Nun schließt du die Ärmelnähte. Dazu steckst du die langen Ärmelnähte rechts auf rechts aufeinander und nähst sie mit 1 cm Nahtzugabe zusammen.

6. Anschließend steckst du die Ärmel rechts auf rechts in die Armausschnitte. Du kannst dazu entweder den ganzen Pulli auf links wenden oder, so wie ich, den Armausschnitt durch den Halsausschnitt nach oben stülpen und dann den Ärmel hineinstecken. Der Knips oben am Ärmel trifft auf die Schulternaht, der Knips hinten im Ärmel trifft auf den Knips im Rückteil und die Ärmelnaht liegt mittig auf der Spitze. Mit 1 cm Nahtzugabe rechts auf rechts einnähen.

7. Zum Schluss fehlen nur noch die Bündchen am Halsausschnitt, Saum und den Ärmelsäumen, diese werden wie auf Seite 33 beschrieben gefertigt und angenäht.

GLOSSAR

ABSTEPPEN
Eine Naht oder Kante wird abgesteppt, um diese zu stabilisieren oder zu verzieren. Dabei wird meist schmalkantig gesteppt, d. h. das Nähfüßchen läuft ca. 2 mm neben der Naht oder Kante. Üblich ist eine Reihe von Geradstichen, die in kontrastfarbigem Garn (Knopfloch-, Ziersteppgarn) mit Zwillings- oder Drillingsnadeln ausgeführt noch effektvoller gestaltet werden können.

AUF RECHTS DREHEN
Ein fertig genähtes Teil wird durch eine Öffnung in der Naht auf die rechte Seite gedreht. Rolle die Nähte zwischen den Fingern, bis sie am Rand liegen, stülpe dann die Ecken mit einem stumpfen Bleistift (oder einem Schlauchwender aus dem Nähfachhandel).

BELEG (AUCH: BESATZ)
Meist aus Oberstoff genähtes, jedoch im Inneren des Kleidungsstücks liegendes Teil, das dem Versäubern bzw. zum Verstürzen von Kanten und Ausschnitten dient. An geraden Kanten kann der Beleg angeschnitten sein, an runden Öffnungen liegt er meist als extra Schnittteil bei oder muss aus dem Hauptschnittteil herauskopiert werden. Um eine bessere Formstabilität an den zu verstürzenden Kanten zu erzielen, wird der Beleg meist mit einer Einlage (Klebevlies) verstärkt und erst dann an den Oberstoff gesteppt.

BÜGELN
Bügle jede Naht sofort mit einem trockenen heißen Eisen über. Dabei solltest du das Eisen eher senkrecht auf den Stoff drücken als es hin und her zu bewegen – sonst könnte sich die Naht verziehen.

DER BREITE NACH FALTEN
Den Stoff so falten, dass anschließend die beiden kürzeren Kanten aufeinander liegen.

DER LÄNGE NACH FALTEN
oder längs falten bedeutet: parallel zur Längsseite eines Stücks Stoff falten, sodass anschließend die beiden längeren Kanten aufeinander liegen.

EINLAGE
Es gibt Einlagen zum Aufbügeln oder Einnähen in unterschiedlicher Dicke und Festigkeit. Sie bestehen aus nichtgewebtem Material und verstärken bestimmte Stoffpartien.

FADENLAUF
Gewebte Stoffe bestehen aus Fäden, die im rechten Winkel aufeinandertreffen: den Kettfäden, die im Webstuhl eingespannt werden und von oben nach unten verlaufen, und den Schussfäden, die mit dem Schiffchen von links nach rechts durch die Kettfäden „geschossen" werden. Der Fadenlauf ist die Richtung der Kettfäden. Stoffe sollten immer mit dem Fadenlauf, also parallel zur Webkante zugeschnitten werden.

LINKE STOFFSEITE
Mit der linken Stoffseite bezeichnet man immer die Seite des Stoffs, die bei einem Kleidungsstück innen liegen soll. Auf die linke Stoffseite werden auch alle Markierungen des Schnittmusters übertragen.

NAHTZUGABE
Der Abstand zwischen der Stoffkante und der Nahtlinie. Die Breite ist unterschiedlich, wird aber bei jeder Anleitung angegeben.

RECHTE STOFFSEITE
Die rechte Stoffseite ist die außen liegende und, falls vorhanden, die mit der Musterung versehene.

SAUM
Der Saum ist die versäuberte Unterkante eines Kleidungsstücks. Je nach Stoffart wird der Saum unterschiedlich genäht (z. B. Rollsaum, gesteppter Saum, hohl genähter Saum, runder Saum usw.).

SAUMZUGABE
Abstand zwischen Saumlinie und Schnittkante an der Unterkante eines Kleidungsstücks.

STEPPEN
Gerade nähen.

STOFFBRUCH
Umbruchlinie (Faltkante) des Stoffs. Soll ein Schnittteil im (Stoff-)Bruch zugeschnitten werden, muss das Schnittmuster exakt an die Bruchlinie des Stoffs angelegt werden.

TUNNELZUG
ist die doppelte Stofflage zwischen zwei parallel verlaufenden Nähten, zum Beispiel an der Öffnung einer Tasche, durch die ein Band oder eine Kordel gezogen wird.

VERSÄUBERN
Erster Schritt nach dem Zuschneiden der einzelnen Stoffteile. Dabei werden diese mit einem groß eingestellten Zickzackstich direkt an der Schnittkante „umzackelt". Ein Ausfransen des Stoffs wird somit verhindert. Bei Jerseystoffen ist ein Versäubern normalerweise nicht unbedingt nötig, lässt aber das fertige Projekt sauberer aussehen.

WEBKANTE
Seitliche Abschlusskanten des Stoffs. Können nicht ausfransen.

ÜBER DIE AUTORIN

Svenja Morbach lebt mit ihrer Familie in Köln. Schon in der Jugend ergriff sie das Nähfieber, sodass sie nach dem Abitur eine Ausbildung zur Damenmaßschneiderin absolvierte. Um ihr Wissen in Schnitttechnik auszubauen, schloss sie ein Studium der Textil- und Bekleidungstechnik an der HS Niederrhein an, das sie im Januar 2015 erfolgreich abschloss. Inspiriert von der eigenen kleinen Tochter und auf der Suche nach praktischen und durchdachten Schnittmustern gründete sie noch während des Studiums das Label „Lotte&Ludwig". Unter diesem Namen gibt es besondere Schnittmuster und Nähanleitungen als E-Books für die ganze Familie.

www.lotteundludwig.de

www.facebook.com/lotteundludwig

DANK

Ich danke der Edition Michael Fischer und vor allem Saskia für die reibungslose Zusammenarbeit und diese tolle Chance. Danke an Stoff&Stil, Alles für Selbermacher, Prym, Stoffe.de und Snaply für die umfangreichen Materialspenden.

Aber ganz besonders danke ich meinen Probenäherinnen Kati, Franzi, Anne, Constanze, Andrea, Lisa, Eileen, Maren, Elisabeth und Elisa, die die Schnitte ausgiebig getestet haben, sowie meiner wundervollen Familie und meinen Freunden, die für dieses Projekt so viele Stunden mit mir opfern mussten. Ihr seid mein größtes Glück!

BEZUGSQUELLEN

www.stoffundstil.de

www.stoffe.de

www.alles-fuer-selbermacher.de

www.snaply.de

www.prym.com/de/produkte

www.traumbeere.de

www.wunderpop.de

www.buttinette.com

IMPRESSUM

Der Verlag bedankt sich herzlich für das freundliche Materialsponsoring bei Alles für Selbermacher, Snaply Nähkram, stoffe.de, Stoff & Stil sowie Prym!

Bibliografische Information der Deutschen Bibliothek.

Die Deutsche Bibliothek verzeichnet diese Publikation in der Deutschen Nationalbibliografie.

Detaillierte bibliografische Daten sind im Internet über http://www.dnb.de/ abrufbar.

EIN BUCH DER EDITION MICHAEL FISCHER

2. Auflage 2019

Cover: Silvia Keller

Layout: Silvia Keller, Bernadett Linseisen

Satz: Bernadett Linseisen

Produktmanagement: Saskia Wedhorn

Bilder: SHOT Fotografie/Katja Schubert, München; Anleitungen, Schrittbilder und technische Zeichnungen: Svenja Mohrbach, außer: S. 11: brother S. 14–18: Yvonne Jahnke, S. 19: Lissi Wilbat, S. 22, 23, 29 nach Stefanie Brugger

Lektorat: Ute Wielandt, Baar-Ebenhausen

ISBN 978-3-96093-037-2

Gedruckt bei Polygraf Print, Čapajevova 44, 08001 Prešov, Slowakei

www.emf-verlag.de